《图说名人》编委会 编著

毕加索

罕有的天才

Bijiasuo

Hanyou de Tiancai

南海出版公司

图书在版编目（CIP）数据

罕有的天才——毕加索 /《图说名人》编委会编著.
-- 海口：南海出版公司，2015.9（2024.8重印）
ISBN 978-7-5442-7961-1

Ⅰ．①罕… Ⅱ．①图… Ⅲ．①毕加索，P.R.（1881～1973）－传记 Ⅳ．①K835.515.72

中国版本图书馆CIP数据核字（2015）第204939号

HANYOU DE TIANCAI——BIJIASUO
罕有的天才——毕加索

编　　著	《图说名人》编委会
责任编辑	张蕾
出版发行	南海出版公司　电话：（0898）66568511（出版）
	（0898）65350227（发行）
社　　址	海南省海口市海秀中路51号星华大厦五楼　　邮编：570206
电子信箱	nhpublishing@163.com
经　　销	新华书店
印　　刷	天津旭丰源印刷有限公司
开　　本	787毫米×1092毫米　1/16
印　　张	7
字　　数	80千
版　　次	2015年12月第1版　2024年8月第3次印刷
书　　号	ISBN 978-7-5442-7961-1
定　　价	36.00元

南海版图书　版权所有　盗版必究

前言 TUSHUOMINGREN

巴伯罗·毕加索（Pablo Picasso，1881—1973）是西班牙著名画家，现代派绘画的主要代表人物。1881年10月25日出生于西班牙小城马拉加。他的父亲是艺术教师。受父母熏陶，他自幼喜爱绘画，先后进入巴塞罗那和马德里皇家艺术学院学习。1904年定居巴黎，从此在法国生活近七十年。

毕加索创造力惊人，一生创作油画1800多幅，素描7万多件，还有版画、雕塑、陶器、舞台服装、造型表现等。其作品对现代西方艺术具有极大的影响，在世界美术史上享有很高的声誉，是20世纪西方最具影响力的艺术家之一，是最具影响力的现代派画家，是有史以来第一个活着亲眼看到自己的作品被收藏进卢浮宫的画家。1973年4月8日，毕加索在法国逝世，享年九十二岁。

毕加索一生画法多样、风格迭变，其作品充分体现了他的非凡创造力。从自然主义到现实主义，从古典主义、立体主义到浪漫主义，然后又回到现实主义。在长达七十年的创作生涯中，毕加索从不受羁于任何束缚，满怀热情，不停探索，不断变幻，创造了惊世的成就。毕加索的画法和风格大致可以分为这样几个时期：童年时期、蓝色时期、玫瑰时期、立体主义时期、古典主义时期、超现实主义时期、蜕变时期和田园时期。毕加索的才能就在于他始终能够保持自己粗犷刚劲的个性，并贯穿于各种风格之中，而且在各种艺术手法的使用中，都能达到内部的统一与和谐。纵观其漫长的艺术生涯，毕加索的最大贡献就在于其在艺术风格和手法方面永无止境地开拓，对自己已有成就的不断否定，在尝试与发现之中为艺术的发展独辟蹊径。

毕加索是个不断变化艺术手法的探求者，印象派、后印象派、野兽派的艺术手法都被他汲取改造为自己的风格。在他一生中，从来没有特定的老师，也没有特定的弟子，但是，在20世纪画坛活跃过的画家，没有人能绕过毕加索开拓的道路而前进。

目录

在艺术熏陶中长大　　　　　　　　　　　　　　　7

艺术的启蒙 / 1

不凡的才华 / 6

到巴黎去 / 14

多变的风格　　　　　　　　　　　　　　　　27

蓝色时期 / 27

玫瑰时期 / 39

过渡时期 / 49

首开立体画派之风 / 55

以艺术为武器

《葛尔尼卡》/ 63

战乱时代 / 71

艰辛岁月 / 77

构筑属于自己的堡垒 / 85

无限的荣耀 / 95

灿烂的一生 / 101

艺术的启蒙

1891年夏日接近尾声时，毕加索随着家人第一次出海，开始了他漫长的旅程。

当一家人离开马拉加的时候，串串葡萄在阳光下成熟，甘蔗又高又壮，这时正是一年中最愉悦的收获时节。而在他们到达卡洛那时，骇人的秋季风暴正开始刮起。西班牙北部和东北部的险峭海岸，正承受着越过大西洋的三千里劲风的吹袭，狂风带来大量雨水，使加里西亚成为全半岛雨量最丰沛的地带。在不刮风也不下雨的日子，天气通常是多雾的，雾会转变成绵绵的细雨，冷冷地滴在花岗岩海岸和花岗岩的房舍上。一年之中也有稍晴的时节，太阳略露一下脸，把光线洒在沙滩上，它所带来的温暖对被大浪或狂风送上岸的海草起了腐烂的作

※毕加索作品——《斗牛》系列版画欣赏

在艺术熏陶中长大

《 图 说 名 人 》

名人名言

绘画的技巧成分越少，艺术成分就越高。

每个孩子都是艺术家，问题在于长大之后是否能够继续保持艺术家的灵性。

——毕加索

※ 毕加索作品——《少女》

用,孕育出成群嘈杂的苍蝇。

小毕加索对这一切都感到惊讶,但更令他惊惧的是街上的人们都在讲另一种语言。卡洛那和加里西亚其他地区的人所讲的话叫"加烈哥",这种语言在西班牙的其他地区是从来没有听过的。毕加索首次感觉到自己的孤立和困惑——他不过是一个外乡人。

面对完全不同的文化,孩子们只好缩在派欧·哥梅兹街的二楼住所里,看着外面的雨敲打着窗户。对毕加索和他的妹妹们来说,最初的惊惧已经消减。眼前是一个全然不同的城市:一边是海港,一边是沙滩,远处则是岩岸。它跟马拉加比起来实在没什么了不起——只有马拉加的三分之一大,而这座城市中除了海港和斗牛场外,唯一令人兴奋的东西就是位于半岛尖端突出处的一座罗马式高塔。这座121.92米高的灯塔,被当地人称为"英雄之塔"。

毕加索常画那座塔,他也画一些卡洛那的其他事物。他早期的画看起来相当幼稚,大多是一些关于天气的玩笑,还有画在学校作业本空白处的一些罗马人、野蛮人、持着矛的武士、互相刺杀的剑客,这些与其他学童并无显著的不同。毕加索进入了一所学校,并且努力维持着一个不被赶出来的局面;同时被强迫用一种他从来没接触过的优雅的、工整的方法写作文。他所就读的学校叫"勘守学院"。次年,即1892年,课余时间他又到父亲任教的贝亚斯艺术学院注册上课。

毕加索从来就不喜欢写信,他在卡洛那发明了一种和马拉加的亲戚联络的方法——不需要多少文学造诣,就是一份他自己的小报纸,称作"卡洛那",每逢周日出刊。他在上面画一些地方的人物、狗、鸽子、灯塔等等,以及写一些小小的报道,例如"风开始吹了,它仿佛要吹到让卡洛那什么东西都不剩为止",又如"雨已经开始下了,夏天以前绝不会停止",又如"截至付印,尚未收到任何电报"。另

罕有的天才——毕加索

外还有很多笑话，有些是画的，大多是像上面这种风格。如：

算术考试的时候：

老师："如果人家给你5个瓜，你吃掉4个，那会留下什么？"

学生："1个瓜。"

老师："你确定这就是全部吗？"

学生："还有肚子痛。"

这些孩子气的事情很快就要成为过去，小毕加索开始要跃向一个出奇成熟的境地，从事严格而完全的绘画创作。如果他父亲荷塞能更好地训练他的话，这种成熟应该会来得更早一些，但由于远离家乡、朋友，气候也不习惯，还有其他种种的不愉快，使得荷塞情绪相当低落。

荷塞没有心情去做很多事情，这时他的注意力终于转向了对儿子的全面艺术教育。他教毕加索笔墨、炭条、蜡笔和粉笔的技巧，过了一阵子又让他学习油画和水彩，同时还不断地进行大量精确的、专心的素描训练。

身为教师，荷塞是一个严格奉行规范的人，彻底遵从每一条法则，并且要求学生绝对服从并刻苦修习。这当然是一种严厉的学院派训练，即使荷塞不是这种教师，保守的校方也会作这种要求。毕加索高高兴兴地接受这一切规范，他在课堂上所画的雕像素描使看到的人都惊叹不已，这不只是由于他的技巧，更是因为他把雕像的生命再度展现出来——那种刚刚塑成时存在，而随着时间已经消逝的生命。

※ 毕加索黑白画作

在大多数人看来枯燥至极的练习，对毕加索而言却是一种愉悦，是一种控制良好、严守规范、几乎难以表达的愉悦。

课余，他的创作则自由得多。1892年到1893年之间有几幅试验性的油画，到1893年末时，他的技巧更加娴熟，可以正式地在铺好的画布上挥洒。而后，他突然地，没有看到明显的转变过程，就在1894年完成了一幅极其杰出的作品——一个男人的头像。整幅画充满了光，充满了盎然生机，是最佳的西班牙写实风格，绝对没有一点孩子气的迹象。十三岁的毕加索又画了许多幅画，这些画显示出许多技巧的并进，而每一幅画都比以前更加成熟。

其后又出现了更多令人激动的头像——一些穷苦的老年人。这些都是强烈的、严肃的西班牙写实主义杰作。画中那些受苦的、蠢笨的、绝望的人们被实实在在地表现出来，丝毫没有矫饰的成分。在这众多绘画作品中，毕加索自己最满意的是《赤脚的女孩》和《乞丐》，这两幅作品都是在1895年完成的。

当毕加索开始真正进步，同时完全能掌握工具时，荷塞就让儿子帮自己的装饰画作一些细节的整修工作。几个月之内，双方都清晰地发现，即使是在技巧的层面，儿子创作的画也已远远超过了父亲。荷塞没有办法画出《赤脚的女孩》，也不可能画得出《乞丐》。他承认了这个事实，并郑重其事地把他的画笔转让给儿子，以后他再也没有画过一幅画。

在卡洛那的日子对荷塞来说充满了不适应和压抑的气氛，尤其是最近的一次重大打击。毕加索的小妹妹染

※ 毕加索作品——《赤脚的女孩》

罕有的天才——毕加索

※ 毕加索作品——《和平鸽的脸》

上了白喉,虽然经过治疗,但最后还是死了。之后日子变得更加忧郁,不过这种日子没有持续太久。

荷塞过去的一位助手,当时在巴塞罗那一所著名艺术学院任教的拉蒙·那伐洛·加西亚,想要回到他的故乡加里西亚,因而向荷塞提议交换工作。荷塞毫不迟疑地答应了,这不仅是为了离开那充满悲伤的小房间,同时也因为可以脱离卡洛那永无休止的雨水和郁闷,再度回到阳光普照的地中海地区。全家人收拾好行李,连同毕加索大批的画作,搭上火车,先经过马德里,然后回到马拉加。

经过几百里的颠簸,一家人终于回到了马拉加。他们受到热烈的欢迎,包括盛宴的款待、热情的招呼。家乡的空气、家乡的口音和食物,振奋了这些归来游子的心情,而毕加索——荷塞家这一代唯一的男孩,更是受到格外地照顾与爱护。毕加索在任何宴会中都怡然自得,这可能是他在马拉加所度过的最快乐的假期。这段时间,他忙着享乐,以致课业甚至连图画的产量都减少了很多,不过他还是作了一张厨房的画,另外还为他们家的老女仆卡门画了一帧极精巧的素描,图中她的袖子高高卷起,就跟昔日强拉着小毕加索上学的情景一样。

1895年夏日将结束时,他们又再度出海,沿着海岸北行。9月的海面十分平静,毕加索可以在旅途中作画。三天的航行后,巴塞罗那出现在他的眼前,这是一个繁忙的港口,两侧延伸出巨大的城市。

刚一踏上码头,毕加索就发现自己又一次被不同的语言所环绕。四周的人们都在讲"卡达浪",这是一种比"加烈哥"更难懂的语言。荷塞家人在走向克莉丝汀娜街落脚处的途中,异乡的感觉越来越强烈。1895年的巴塞罗那是一个完全的欧洲城市,巨大、繁忙,五十万居民全都讲着他们自己的语言,遵守着与马拉加或西班牙其他任何地方完全不同的生活习俗。十四岁的毕加索再一次尝到了失根的滋味。

不凡的才华

毕加索现在所进入的这个文化领域，与其历史背景息息相关。毕加索在巴塞罗那度过了最可塑的青春期和早期的成年。他与卡达浪社会融为一体，说他们的语言，并且交到了他一生中结识最早、持续最久的一些朋友。

巴塞罗那曾是加塔洛尼亚的首都。加塔洛尼亚在中世纪时是一个横跨东比利牛斯山的独立国家，大部分的国土落在西班牙半岛上。这个国家天然资源不丰富，但却拥有充满活力、精于贸易的人口。在摩尔人的战乱（这是中世纪时西班牙人和葡萄牙人对北非穆斯林的贬称。8世纪早期，摩尔人曾征服巴塞罗那）后，早先住在海岸一带的居民恢复了商业的经营，使得加塔洛尼亚很快成为地中海最重要的贸易国家。当西班牙其他地区还因为过去几个世纪以来与摩尔人的战争而大伤元气时，加塔洛尼亚却繁荣起来，拥有辉煌的文明、杰出的建筑艺术、一间可与伦巴底相媲美的美术学校、一所著名的大学，以及广受法国、意大利、拜占庭及摩尔和犹太学者们所影响的文化。

这是毕加索的卡达浪朋友们带着

※ 自画像

罕有的天才——毕加索

※ 毕加索作品——《玛雅和玩偶》

伤感所缅怀的黄金时代。当时，巴塞罗那的历代伯爵都经由婚姻关系成为亚拉冈的国王，他们把"卡达浪"话往外一直推行到巴利亚利群岛、西西里、那不勒斯、科西嘉、萨丁尼亚和所有的回教国家。

巴塞罗那的荣耀随着时间消退了。由于与亚拉冈各女继承人的婚姻关系并不愉快，到了伊莎贝拉那一代，亚拉冈便转而与卡斯提尔的斐迪南联姻。他们的继承人查理士五世统治着整个西班牙，此时的加塔洛尼亚已成为一个受压迫的地区，卡斯提尔人在数世纪以来一直不喜欢他们发达的邻居。

此后一代一代不断有流血的反抗事件发生。1714年，随着一次痛苦的战争——马堡战役之后，西班牙统治者菲利浦五世席卷了巴塞罗那，并以严厉手段镇压着卡达浪人。他压制卡达浪语，用卡斯提尔语取而代之，关闭了巴塞罗那的大学，并在城市周围筑起了一道可憎的城墙。

压制政策日益变本加厉，地方的法律和习俗都被废止，地方的语言也受到限制。18世纪到19世纪初之间，这种政策有效地破坏了卡达浪的文学，但却消灭不了这语言本身。在政治和文化上始终有反抗的力量存在。浪漫主义来临后，卡达浪的诗人们开始了自己的文艺复兴，其目的不只是为了恢复文化的传统，更是为了表达他们对独立的热望。这个活动得到许多人的大力支持，1841年，大学恢复了上课。数年之后，令居民痛恨的城墙也被拆除了，不过卡达浪人仍然不是自己家里的主人。在巴塞罗那，政治上的反抗意识导致左派运动、罢工和无政府主义的风行。1895年，就在毕加索到达的前几天，一个无政府主义者在拥挤的里塞欧剧院引爆了一枚炸弹，理由是"没有一个中产阶级是无辜的"。

刚到巴塞罗那的毕加索对这

※ 毕加索少年时期作品——《老渔夫》

一切是全然懵懂的：他不过是个孩子，而且还是个与这个城市格格不入的陌生人。荷塞一家先住在克莉丝汀娜街的一间寓所，不过他们马上发现那儿光线太暗，而且极不方便。停留了短短一段日子后，他们就搬到了恩赐街的一幢楼房，离荷塞任教的艺术学院很近。

那间学院名叫"犹特华"，也是荷塞希望儿子能进入的学校。以毕加索的天分来说，进基础班简直是一种戏弄，但是如果要进学习古物、人体像和油画的高级班，必须先通过两幅画的专业科目考试，考试完全依照严格的成人标准，而且满二十岁才有报考资格。

纵然荷塞的同事们被说服，相信了这个矮小的十四岁男孩"看起来有二十岁的样子"，他们却不敢贸然置信他画得跟高级班的美术学生一样好。若是让一个初学的小孩子进了高级班，他们难免要成为公众的笑柄，因此他们格外严厉地执行这次考试。他的第一个题目是画一个披着被单的校内模特儿，第二个题目是一个站立的裸体人像。

关于毕加索究竟花了多长时间完成这两幅画倒是有很多传说，有人说限期一个月，毕加索只花了一个星期；也有人说限时一天，他只用了一小时。

事实上这两幅今天仍存在的画上标明的日期分别是1895年9月25日及30日。在这两幅画中，他忽视一般艺术学校的传统，并没有把第一个模特儿画成披长袍的罗马人或把第二个画成相当高贵的人体，毕加索只把他亲眼看到的东西画出来。那是一个披着被单的学校模特儿和一个在阳光下身材欠佳、赤裸裸的矮小男人。但是他的画显露出了杰出的学院式手法，因此他的能力马上就被确定了：他立即被列入1895—1896那一学年的高级班名单中。

班上的其他同学大都有着典型的卡达浪名字，日后他们都没有什么名气。有一位近二十岁、纯朴强

罕有的天才——毕加索

壮的名叫曼纽·派亚瑞斯·格劳的年轻人,第一堂解剖课正好坐在毕加索的旁边。两人年龄尽管相差了七岁,却马上成为朋友。派亚瑞斯不但成为毕加索在巴塞罗那时最好的朋友,而且终其一生也一直与毕加索保持着密切的联系。

巴塞罗那前两年的日子平静地过去了。毕加索住在家里,定时上课,努力作画,此外还不断地跟派亚瑞斯在巴塞罗那游逛,画满一本一本的街景、马匹、猫、狗、娼妓、无政府主义者的聚会和开赴战场的士兵。他在家里也没闲着,为家人画油画和素描:一张他母亲的蜡笔画和至少三张他父亲的肖像,还有许多幅妹妹的油画及素描,包括一幅大型的油画,上面是妹妹罗拉第一次领受圣餐的情景,罗拉穿着白衣,跪在圣坛前,她的父亲站在身旁。这一幅相当成功的作品被送去参加"美术与工业"春季展览,赢得了一些赞美声。

毕加索的暑假是在马拉加度过的。1896年夏天,回到故乡的毕加索表现出了惊人的活力,在几个月

※ 毕加索作品——《受伤的鸟和猫》

※ 毕加索少年时期作品——《科学与慈悲》

中画了大量的素描、肖像，其中有几幅非常特别，但这些作品中看不到一点儿巴塞罗那的影子。其中最特殊的是一幅风景画，毕加索很少画风景，而这一幅所用的手法是他以前从来没有使用过的：马拉加的红色土地斜着伸向淡蓝色的天空，地上覆盖着仙人掌。地面上强烈的色彩，似乎是用画笔生动而有力地涂上去的，干厚的颜料看来又好像是调色刀压抹的痕迹，这和那淡淡的天空形成美妙的对比。这幅画让人联想到野兽派，更有些梵·高的感觉，然而前者当时还没有存在，后者毕加索当时也没有听说过。再细看之下，这幅画完全体现了他的个人风格。看了这幅画，不禁让人奇怪还有哪个教授敢教导这位十五岁的少年关于作画的事情。

1896年秋天回到巴塞罗那的毕加索，开始着手他父亲设计的两大幅油画。荷塞打算用这两幅画来延续《第一次圣餐》的小小成功，从而促进这些画作的销售，以便得到一个稳定的收入。他买入了许多的新材料，教毕加索怎么用它们，甚至还替毕加索租了一间画室。

这两幅画中的一幅目前已经不见了，另外一幅是荷塞所设计命名的《科学与慈悲》，上面是一个医

罕有的天才——毕加索

生正在测量一个生病女人的脉搏,而床的另一边站着一位修女,一手抱着一个小孩,另一只手端着汤给病人喝。毕加索很用心地作这幅画,而其结果也确实让全家人感到欣喜。《科学与慈悲》送到马德里参加全国展览,得到了审查委员会的荣誉奖状,另外又送到马拉加参加地方展览,得到一枚金质奖章。这幅画让所有喜爱惟妙惟肖简艺手法的人都很高兴,但这却是毕加索对学院传统的告别作,他以后再也没有画过这一类的作品。

这一年里,毕加索仍然同时进行着学校的课业和自己的尝试。他的绘画本中仍然充满了与前一年一样的风格,只不过现在的笔触更有信心,并且显示了多种路线的进展,有一些试验中明显出现了物体简化的基本几何形状。不过大体而言,此时的毕加索还不能算是破除传统的先锋,他还只是一个不断创新、极具天分的学生。

毕加索在1897年的暑假再次回到马拉加,这个假期似乎不如上次那么愉快,而他也没有创作很多作品。他那位越来越有钱的叔父沙伐多认为毕加索应该到马德里的圣费南度皇家学院去深造,因为他的两位朋友卡波奈罗和狄库伦在那儿任教,而且极具影响力。沙伐多虽然提出了这项建议,却和很多有钱人一样,在金钱上对穷亲戚斤斤计较。荷塞和他的另外一些亲戚、老朋友们凑了一些钱,加上沙伐多的那一份,还是少得可怜。而这些竟然就是毕加索的全部旅费、生活费和作画的材料钱。

1897年秋天,这点微薄的钱财把毕加索带到了马德里这个费用昂贵的首都。他在贫民窟似的圣贝卓马提街给自己找了一个房间,在那里度过了他十六岁的生日。

跟在犹特华一样,毕加索轻而易举地通过了严格的入学考试,成为学院的一分子。他很快就发现这

※ 毕加索在克利希大街的寓所

里的课程跟犹特华一样并无吸引人之处，而且教他们的老师卡波奈罗和狄库伦都是相当糟的画家。毕加索不久就完全放弃学院的课程，自己到普拉多博物馆去观赏、描摹，享受格雷克、维拉斯奎兹和戈耶等大师的精髓。除了在普拉多的临摹，他还在城里的街上画个不停。这一阶段，毕加索的画作最让人注意的，就是他的画法已开始朝向现代主义前进，甚至开始迈向一个更加超越的境界。

毕加索在马德里工作得非常勤奋，但在学校里却几乎看不到他的人

知识链接

野兽派美术

野兽派美术是1905年产生于法国的松散的美术社团。这个社团没有共同遵守的明确目标，没有发表过宣言和理论主张。野兽派这个名称也是偶然产生的。在1905年的巴黎秋季沙龙中，一群青年美术家的作品参展，他们是马蒂斯、德兰、马尔凯、鲁奥等人。在他们的作品中间，有一件展品比较写实，风格如意大利文艺复兴时代雕塑家多纳太罗的作品。批评家沃塞列斯在描述该展品时，用了"在一群野兽中间的一位真正的艺术家"这样一句话，把马蒂斯等年轻画家的画比作野兽，故名。三十五岁的马蒂斯被这群风格并不相同的年轻画家拥戴为领袖。

野兽派是西方20世纪前卫艺术运动中最早的一个派别。他们继续着后印象主义梵·高、高更、塞尚等人的探索，追求更为主观和强烈的艺术表现。对西方绘画的发展，产生了重要的影响。他们吸收了东方和非洲艺术的表现手法，在绘画中注意创造一种有别于西方古典绘画的疏简的意境，有明显的写意倾向。有人把野兽派看作广义的表现主义运动的一部分。也有人认为，野兽派不是一个艺术运动，只是马蒂斯等人艺术生涯中短暂的一个阶段，一个特别注意线条和色彩表现力，不受任何程序束缚的阶段。马蒂斯后来回忆说："对我来说，野兽时期是绘画工具的试验，我必须用一种富于表现力而意味深长的方式，将蓝、红、绿并列融汇。"野兽派作为社团存在的时间只有两三年。参加这一社团的艺术家后来朝着不同的目标继续作新的艺术探索。

罕有的天才——毕加索

影。这消息传到了马拉加，让富有的沙伐多很不高兴，于是便断绝了对他的经济支持。父亲荷塞仍站在儿子的一边，不但继续供他学习，甚至还尽可能地多给他一些钱物。

日子一天天过去，冬天降临了，瓜达拉马山脉吹来了寒风。即使本地人也冷得受不了，更不用说像毕加索这样晒惯了地中海太阳的人了。这种风死寂而且冰冷，像当地的谚语所说的"可以杀掉一个人，却吹不熄一根蜡烛"。毕加索开始发高烧、喉咙痛，舌头红得像草莓，全身起了朱红色的斑点，这些斑点很快就融合成一大片。他得了典型的红热病。

这种病在当时是可以致命的，但毕加索的生命力相当顽强。他在床上躺了几个星期，全身脱了一层皮，又长出一层新的。他蹒跚地走出房间，去参加6月12日的圣安东尼奥节庆，他不愿错过这节庆中一分一秒的欢乐。

接着他就搭上回巴塞罗那的长途火车，巴塞罗那的家乡口味、温暖人情和他天生的生命力，使他很快就恢复了健康和精神。一个星期之后，当派亚瑞斯邀他到欧塔乡下去休养时，他马上就答应了。

欧塔是派亚瑞斯生长的地方，这是个只有两三千居民的小镇，维持着古代纯朴的农耕生活。毕加索在此度过的一段闲逸日子，是他生命中相当重要的一个时期。"我在派亚瑞斯的小镇学到了所有的事情。"毕加索曾经这么说。"所有的事情"不只包括刷马、用镰刀，对制酒和榨油的亲身体会，或者收获干草、玉米、葡萄和橄榄，剪羊毛、杀猪、挤牛奶，同时还包括说流利的卡达浪话的能力，尤其重要的是在生命本质上得到了城市人永远得不到的深刻体会并树立了新的价值观，对世界有了更广泛的认识。

毕加索此时对作画更有把握了，其中有几幅十分了不起的山羊和绵羊的画像，真正把握住了它们的生态和动作。他的笔触更为肯定，在一些作品中他比过去更加重视质感，此外对明暗的对比表现和物体轮廓的加深也有了较大的兴趣。

1899年2月，毕加索完成了画作《亚拉冈人的习俗》，这幅画在马拉加又赢得了一枚金质奖章。当这幅画的油彩干燥后，他就收拾行李，向大家道别了。在与派亚瑞斯一同度过大半年的乡居生活后，他决定回到巴塞罗那去。

到巴黎去

在欧塔的生活给了毕加索一段平静的时间,让他有机会重新细想每一件他所认为重要的事。除此之外,这段生活也迫使他天天使用卡达浪的语言,因此在回到巴塞罗那的时候,毕加索可以毫无障碍地用这种语言和当地人交谈了。

这种能力使他很快成为常在"夸特·加兹"聚会的作家、画家和诗人中的一分子。"夸特·加兹"是一间小酒馆,出入那里的人物三教九流都有,嗜好和特长也各不相同,但是他们拥有一个共同的特点,那就是他们都醉心于现代主义,并且爱他们自己的语言。毕加索既然已能说流利的卡达浪话,加上他早已认识其中的几个人,因而在几星期之内就有宾至如

※ 毕加索作品欣赏

罕有的天才——毕加索

归的感觉了。

小酒馆里常有大批的文人名士逗留,毕加索在这里交到了许许多多的朋友。同一时期内他也作了大量的画,也就在同一时期,他和他父亲之间有了分歧。荷塞已经将近六十岁,在那种年纪自然有许多看法已经是根深蒂固的了;而十八岁的毕加索已由小孩子变成了成人,且刚从一个完全自立的生活环境归来,他们之间有所争执并不奇怪。

于是,毕加索离开家里,独自住在外面。

他和家庭的决裂既不激烈,也不持久。总之,那段时间里他亲切地画了一些他父亲的像,而他的妹妹也经常来看他。也就是在这个小房间里,萨巴提斯这位年轻的作家及诗人初次见到了毕加索。

萨巴提斯被一位学雕刻的同学带进屋子来时,《科学与慈悲》正立着靠在墙上,旁边放着《亚拉冈人的习俗》,而在一堆一堆的图画和速写本之中,毕加索正忙着作另一幅油画。毕加索黑色的眼珠锐利地凝视着,使萨巴提斯局促不安,那些画作也使萨巴提斯十分折服,因此在互道再见的时候,萨巴提斯恭恭敬敬地对毕加索鞠了一个躬。这就是他们友谊的开始,而这份友谊一直持续到萨巴提斯于1968年去世为止。

十八岁的毕加索一文不名,毫无名气,却已成为"夸特·加兹"的一个领袖人物,即使是不喜欢他的人或不知道他天分的人也都认可这一点。这并不是因为他在"夸特·加兹"说话很多,事实上,他经常沉默着,而且喜怒无常,有时候也表现出全然的厌倦。但他一开始说话就一定说得很好,经常充满睿智,而且表现出不自觉的权威感,好像他已经能比座中其他任何人画得更好似的。

经过四五年的苦练,毕加索的大部分作品日渐成熟。但他尚未定

❋ 毕加索作品——《母与子》

型：他书读得极少，几乎没有受过正式教育，而且缺少成人生活的经验。更确切地说，在毕加索身体中一直活跃着一个"小孩子"，事实上，他此后的一生都是如此。

这个时期他开始发展自己的审美学，想要把当时人们所接受的一般绘画完全摧毁，并且把感受的境界推展到前所未有的高度。人们可能想说这是"扩大美的观念"，但毕加索真正考虑的是"本体"而不是"美"这个空泛的字眼。

"美？"他对萨巴提斯说，"……那个字对我没有意义，因为我不知道它的意思从何而来，也不知道它能引出什么东西。"

这是一个相当有野心的大计划，而它的开端也充满着自我怀疑、沮丧时刻和错误的起步。无论如何，这种过程从他在1899年到1900年间快速进展的画作中已见端倪，但以一个完全自觉的过程而言，这只是一个开始而已。

"夸特·加兹"里的政治氛围大致左倾，有相当强的无政府主义意识。无政府主义也构成了毕加索早期面貌的一部分，或许我们不应该用"影响"这个字眼，因为对权势的痛恨和对强行加诸的法规的坚决排斥，早已存在于毕加索心中，在"夸特·加兹"的谈话只不过把这些因素彰显出来而已。

在"夸特·加兹"最受尊敬的一位无政府主义者是年轻的布洛沙，他对在那儿所见到的艺术家不屑一顾——"神经质的附庸风雅者，一心只想使自己显得和粗人或中产阶级有所不同"。但他也觉得在未来的一个世纪中艺术将会出现

※ 毕加索作品——《贵族夫妇》

罕有的天才——毕加索

知识链接

无政府主义

无政府主义是一系列政治哲学思想，包含了众多哲学体系和社会运动实践。它的基本立场是反对包括政府在内的一切统治和权威，提倡个体之间的自助关系，关注个体的自由与平等；它的政治诉求是消除政府以及社会上或经济上的任何独裁统治关系。对大多数无政府主义者而言，"无政府"一词并不代表混乱、虚无或道德沦丧的状态，而是一种由自由的个体们自愿结合、互助、自治、反独裁主义的和谐社会。像其他政治哲学思想一样，无政府主义包含不同的分支和流派。虽然无政府主义者有着反对国家的共同特色，但他们却在其他许多议题上有着不同的立场，包括在是否进行武装斗争或以和平非暴力建立社会的问题上产生分歧，尤其在经济的观点上有着主要差异，从主张财产彻底公有化的集体主义流派，到主张私人财产和自由市场的个人主义流派，影响很广。

新的希望，是无政府主义的人间天堂。布洛沙说："人类，基于由智慧所产生的正当骄傲，将不会再忍受妨害心灵自由的一些微小障碍；这种个人价值的提升，意味着没有任何神话、任何偶像、任何人或神的单独个体能够阻挡个人通向全然自由的坦途。有些人可能会说这种理论会导致分崩离析，但人们除了负面的本性外必然也有正面的本性，一个人会去重建并更新他失去的力量。"

有人说毕加索的成长过程与此极为符合。破坏，再破坏，由显见的真实退回内心，再合成新的世界、新的力量、新的视野。

有许多无政府主义者的政治教条深深吸引着毕加索。例如巴枯宁所说的"破坏的热情也正是创造的热情"，除了这种话，恐怕再也没有别的话更能引起毕加索的共鸣了。

纵然布洛沙的政治理论十分高深而精要，毕加索也不曾全盘接受，他从来就不是一个政治人物。他所接受的是一般的无政府主义思潮，以及对卡达浪独立的高度同情。他周围的人们都对中产阶级艺术不满，都痛恨文化上的势利，但他们自己却常常生产那一类的作品。毕加索并不去管他们的反复无常，不论"夸特·加兹"有没有鼓励他，终其一生他都反对文化上的势利。

※ 毕加索作品——《妇女像》

毕加索的气质是乐天的、前瞻的，对外面的世界有极大的兴趣。毕加索在"夸特·加兹"，沐浴在易卜生、托尔斯泰、瓦格纳、尼采的气氛中。他虽然读书不多，但起码由其他人那里间接接触到这些人的思想。

毕加索的确读书不多，但这并不是说他不够敏锐，事实上他的心思动得特别快，不耐烦去慢慢地消化文章，但诗则完全是另一回事了。诗几乎像一幅图画或一座雕刻一样，具有可以马上把握住浓缩本质的特征；毕加索喜欢读诗，而且一辈子都喜爱诗人。

毕加索由当时的住处迁了出来，搬到一间位于楼顶、没有装潢但照明良好的工作室去住。跟他同住的是他的朋友卡洛斯。卡洛斯是一位长相奇怪的年轻人，美国驻巴塞罗那军事顾问的儿子。由于房内根本没有家具，他们就把家具全都画在墙上：桌子、椅子、柜子、一张沙发、保险柜，甚至还包括一些佣人——一个女佣和一个小厮。除了他们画在墙上的家具外，整个房间都堆满了图画，甚至漫出房间，堆到了门外的楼梯上。

毕加索的朋友们非常推崇他。一群朋友，包括派亚瑞斯、萨巴提斯和卡萨杰玛斯在内，鼓励他在"夸特·加兹"举行一个画展。毕加索喜欢这个主意，于是在1899年和1900年间的冬天着手绘制一连串"夸特·加兹"常客的肖像。他大部分的朋友都出现在这些画作里面。到了1900年2月，作品都已准备就绪。毕加索和他的朋友们都买不起画框，因此只好把它们用图钉钉在墙上。一般人对这次画展反应冷淡，从商业观点来说，出售量只达到业余标准。

不过这些作品只是毕加索在

罕有的天才——毕加索

1899年到1900年间大量作品的一小部分而已。这段时间的作品展现出多样的风貌。其中有一幅很令人惊异的画作是《赌徒的新娘》，上面是一张绿色、面具似的脸孔，突起的前额和两眼上方的弧线向下延伸成直而长的鼻子，给人一种非洲雕刻的印象。另外有一张自他画室向外俯视的街景，用一种别人绝不会用的方式画出：远远下方的人影、小车子，用两三笔有力地挥洒将之勾勒得出奇生动，并且在周围用一圈一圈的厚涂法表现出空间的深度。有人说他在这一时期画作的进展涵盖了艺术史上除了印象派之外的每一个阶段。

另外还有许许多多的绘画，关于贫穷、疾病、病床和死亡、酒吧、酒馆、戏院和舞厅的景象、许多的娼妓、斗牛和斗牛士、海报的习作、裸体人像、自画像，有些还是用几何图形表现的。一些自画像包括初到这城市的小男孩，从1896年时笨拙的少年，一直到其后几年的青年时期。有趣的是他对画中的自己似乎始终猜不透，没有两张自画像上的面孔是完全一样的。这些脸孔有时年轻，有时苍老，有时棱角分明，有时线条圆滑。每一张的风格都不相同，毕加索对"自己"

※ 毕加索作品欣赏

※ 毕加索作品——《江湖艺人》

这个题材没有十分肯定的掌握。

　　这些倾泻而出的作品，显现着多方的尝试和成就。像毕加索那样纯个人和崭新的审美观，想必经过了一段长期而痛苦的孕育过程。可以想见他对自己这种启示的价值也有过怀疑的时刻，尤其是当他的周围全是一些不能了解他的作为的人时。人们只沉浸在现在和过去，而他却已经跨入了未来。到达像毕加索这种境地的人必然是寂寞的——他不能追随，只能引导；但在引导之前，他必须先确定自己。

　　1899年到1900年间，毕加索作品的另一特点就是除了他已经拥有种种惊人的技巧——铅笔、胶彩、水彩、厚涂、油料之外，他还加上蚀刻和木雕，可能还包括了雕塑。

　　关于毕加索第一次的蚀刻作品，有一段流传甚广的故事：他的朋友康纳斯教他怎样准备金属板，怎样用针在上面画线刮去保护层，怎样把它浸到酸溶液中，把暴露出的金属部分蚀成容墨的沟槽，然后就可付印。毕加索画了一个骑马的斗牛士，穿着带刺的马靴，手上提

罕有的天才——毕加索

着他的长矛,身旁的地上有一只小猫头鹰。不过他事先没有注意到印出来的图样和版子上的正好相反,结果斗牛士的矛就变成了抓在左手上。这件事一点都没难倒他,他马上为这幅蚀刻命名为《左撇子的斗牛士》。

毕加索在巴塞罗那学到了很多,但当他大部分的"夸特·加兹"朋友们尚在积极从事现代主义的革新时,他已开始从这些褪色的改革中脱身。当他听到一些关于巴黎的事情,尤其是在1900年世界博览会这一年,他从报纸上知道越来越多的法国的事时,巴塞罗那就越发显得土气。她当然给了他很多,但毕加索开始厌倦了,他有时会极端地不快乐,喜怒无常,甚至会从正在谈话的一群人当中一言不发地站起来,走出酒馆。像他这样充满生命力的人,眼见那些人在一本正经地过他们的颓废生活,等到最初的好奇过后,当然会感到厌烦。

那一年里有一些"夸特·加兹"的人到巴黎去,有些是去参观博览会,有些在那儿定居下来,而毕加索、派亚瑞斯和卡萨杰玛斯也计划着要去。随着这一年的过去,他们的计划变得越来越实际。

1900年秋天,毕加索和家里和解了。10月间,在父亲的勉强首肯和母亲的积极支持之下,他和卡萨杰玛斯动身到巴黎去,派亚瑞斯将在一两个礼拜内赶去和他们会合。

"这一切所要花的钱,都是打哪儿来的呢?"萨巴提斯多年以后问道。

"派亚瑞斯、卡萨杰玛斯和我共同分担。我父亲负责车票钱。他和我母亲送我到车站,当他们回家的时候,口袋里只剩几个零钱了。他们一直到了月底才把家用平衡过

※ 毕加索作品——《母亲与孩子》

来。这是我母亲很久以后才告诉我的。"毕加索答道。

黎明时分，毕加索终于越过了比利牛斯山脉。火车冒着烟以惊人的速度向北行进，在距边界一千千米的地方开进了巴黎。他们从三等车厢爬了出来，背起画架、颜料盒、纸夹和行李，浑身都是煤灰。一时之间这儿好像还是西班牙，因为月台上到处都是卡达浪和西班牙来的旅客和移民，但当他们都散尽之后，眼前就是巴黎了。

巴黎充满着色彩：到处都有炫目的海报招贴，妇女鲜丽的穿着也不同于西班牙的黑衣，到处都有马车铁轮驶过石板路面的吼声，拥挤的街道到处都是一张张被丢弃的宣传广告，时常会有粪车、马屎、汽油的气味飘散出来。这是一个令人眩惑的大城市，并且充满忙碌——这儿没有西班牙式的漫步。他们的周围全是法国话，而毕加索这个异乡客，一个字也听不懂。

不过他起码知道一件事：巴黎的艺术家都住在蒙特巴拿塞，在那儿可以租到便宜的房间和画室。当他们正准备租下一间蒙特巴拿塞附近的空屋时，毕加索碰到了画家朋友诺奈，他正要赶回巴塞罗那。他马上把自己在加布耶路的画室出让给他们，那是在巴黎的另外一

知识链接

塞尚

保罗·塞尚是印象派到立体主义派之间的重要画家。

塞尚认为"线是不存在的，明暗也不存在，只存在色彩之间的对比。物象的体积是从色调准确的相互关系中表现出来"。他的作品大都是他自己艺术思想的体现，表现出结实的几何体感，忽略物体的质感及造型的准确性，强调厚重、沉稳的体积感，物体之间的整体关系。有时候甚至为了寻求各种关系的和谐而放弃个体的独立和真实性。

塞尚认为："画画并不意味着盲目地去复制现实，它意味着寻求各种关系的和谐。"从塞尚开始，西方画家从追求真实地描画自然，开始转向表现自我，并开始出现形形色色的形式主义流派，形成现代绘画的潮流。

塞尚这种追求形式美感的艺术方法，为后来出现的现代流派提供了引导，所以，其晚年为许多热衷于现代艺术的画家们所推崇，并尊称他为"现代艺术之父"。他毕生追求表现形式，对运用色彩、造型有新的创造，被称为"现代绘画之父"。

罕有的天才——毕加索

端——蒙马特小丘上。

毕加索和卡萨杰玛斯当然不会拒绝这么慷慨的赠与。派亚瑞斯在数天之内赶到，发现他们已经舒舒服服地安顿下来，十分自在，而且还有两位年轻姑娘赭曼妮和奥蒂德陪伴着。

毕加索显然很喜欢奥蒂德，虽然他完全无法用言语与她沟通，而卡萨杰玛斯则深深地爱上了赭曼妮。同时，拉蒙·彼克特也来拜访他们，并且带来第三个女孩儿，赭曼妮的妹妹安多芮。这么多人之间的关系很不容易弄清楚，不过卡萨杰玛斯对赭曼妮的爱慕却是与日俱增。

毕加索与卡萨杰玛斯是很亲密的朋友，因而知道他有生理上的缺陷。他想法子把赭曼妮从卡萨杰玛斯身边拉开，转交给彼克特，想借此减轻卡萨杰玛斯的痛苦。他失败了，虽然赭曼妮离开了卡萨杰玛斯，他却仍然到处跟着她，并且日益增长着他绝望的爱情。

不过这段时间里毕加索没有很多时间照顾他的朋友，他有太多要看的东西，包括罗浮宫的大量珍藏，世界博览会和新成立的大小文化宫的艺术展出。这一切对外国艺术家也许相当刺激，对当地艺术家则不那么新鲜。1900年的巴黎居民对绘画看得太多了，每年"法国艺术家沙龙"都要展出许多的画作，"国家美术协会"也会做同样的事情，不过真正新的作品要在"独立协会"才能看得到。

这就是毕加索此后生活的范围，不过他真正对巴黎活生生的艺术的了解，大多是在街上乱逛时得到的。有许多商业性的小画廊，里面特有的现代画作远远超过了摆在店里的水准。有一位女店东波

※ 毕加索作品——《美食家》

※ 毕加索作品——《斗牛》系列版画欣赏

瑟·韦儿,不断地大力扶持年轻艺术家。20世纪所有著名画家的画作,从马蒂斯到莫·克里尼亚,都曾出入过她的画店,不过她自己一直没有很多收益——1909年时她卖了一幅梵·高的漂亮小画,只收了六十法郎。

毕加索很能走路,他通过步行探遍巴黎,最起码也踏遍了南北的方向。他裹着一件厚重的大衣,迎着北风,带着他的速写本从蒙马特郊外出发走下小丘。那儿虽然夜生活越来越多,却仍然是郊外,一个安静的小镇,有着绿树相夹的巷道,仍然抗拒着市区扩展的葡萄园,还有一些真正的风车。那里甚至还有一片灌木丛生的荒地,人们在此用枪射杀野猫,而且把它们叫作兔子。

他接着走上一条新的繁忙街道,两旁正在盖着石砌的房屋。锯石的工匠一边工作一边唱歌,街上到处是推着车子叫卖的蔬菜贩、背着一筐玻璃到处找生意的玻璃匠、卖新补旧的桶匠,还有一些推着锅炉大桶的人沿街吆喝着,看有没有楼上的人要洗热水澡。

再往下走就接近了塞纳河,河上有小汽船、水上巴士、驳船与其他船只。他的脚步朝向了繁华的地带,这里有巴塞罗那未曾见过的奢华,贫富的差别在此显得更为悬殊——有些人穿着常见的褴褛衣

罕有的天才——毕加索

裳，而另一边却是戴着发亮的高帽、穿着晨礼服的男士和一些出奇优雅的女士。到处都充满了色彩，然而最显眼的可能就是那些数不清的兵士们，法国有五十万人的武装部队，正等待一场不可避免的对德战争。他们大多穿着猩红色的宽松裤子，就好像印象派画家在拥挤的大街上抹下的鲜艳色调。

越过河面就到了蒙特巴拿塞，那边住了好几十个卡达浪人，其中许多是毕加索在"夸特·加兹"就认

※毕加索作品——《两个小丑》

识的。他们把他介绍给皮尔·曼雅克。曼雅克也是卡达浪人，由于偏好艺术，因此在巴黎做了画商，充当卡达浪画家和巴黎市场的中间人。他能说流利的法语，并且认识许多人，包括波瑟·韦儿——"现代艺术的好仙子"在内。

曼雅克把毕加索介绍给波瑟·韦儿，她马上买了三张画，包括一张油彩和两张胶彩的斗牛画，一共付了一百法郎。而皮尔·曼雅克很得意自己慧眼识英雄，便要求与毕加索订立合约。

这种合约在法国相当普遍，也就是艺术家把所有作品提供给一位画商，交换按月付给的稳定酬金。曼雅克提供给毕加索的是150个法郎一个月，这种收入绝不能使人富有，不过它代表了三餐吃得饱、有酒喝、有烟抽，还有房子可住。

一个十九岁的无名画家从来也没有见过这么多耀眼的法郎，他绝不会拒绝的。毕加索签了字，但欢乐却因卡萨杰玛斯的情况所消减了，他发现那个痛苦的人开始烂醉如泥，而且情况一天比一天糟。

1900年12月的时候，卡萨杰玛斯显然不能在巴黎再待下去了，毕加索把他带上了南行的火车，回到巴塞罗那。在家里待了几天，卡萨杰玛斯的情况没有好转，毕加索又把他带到马拉加，希望那儿的太阳、完全不同的空气和景观以及新年的庆典能使他振作起来。

但马拉加的太阳冷冷的，毕加索的家人和亲友的态度使人痛心。他们没有邀请毕加索和他的模样不堪的朋友住下，因此两人只好在一间小旅馆投宿。马拉加不再是毕加索的家了。

毕加索对此感触颇深，此外，他为卡萨杰玛斯所做的一切都没有收到什么效果。毕加索把他带到小酒馆去，卡萨杰玛斯却只是坐在那儿喝个不停，一点都没有欢欣的表示。毕加索又把他带到吉普赛人的地方，召集了他们的歌手和听众。但是没有用，卡萨杰玛斯失踪了，他搭上了北行的火车。

卡萨杰玛斯于1901年又回到了巴黎，2月17日时他的身体状况略有好转。他写了许多信，邀请朋友们当天晚上一同晚餐。

在餐厅里，派亚瑞斯和其他一些朋友以及赫曼妮都在。晚餐很好，他们喝了几瓶酒。卡萨杰玛斯看来神经质且接近崩溃，在晚饭接近尾声时，他站起来开始用法文讲话，一边说一边把手伸入口袋。赫曼妮看到了他掏出的手枪，马上蹲了下来，子弹只擦伤了她的后颈。接着卡萨杰玛斯举枪对着自己的太阳穴开火，在一小时之内就死去了。

蓝色时期

多变的风格

《 图 说 名 人 》

卡萨杰玛斯的死讯传到毕加索的耳中时,他正在马德里。最初的惊骇过后,有一段时间他却似乎表现得相当平静——在几个月中他的画作没有显出任何变化。

毕加索在西班牙首都马德里十分忙碌,有位朋友要和他合作发行一本文学与艺术方面的评论杂志——《青年艺术》,目的是把卡达浪的现代主义推展到卡斯提拉人当中。毕加索负责里面几乎所有的插图,包括一些广告,广告中还推荐了一本叫作

※ 毕加索作品——《拿烟斗的男孩》

名人名言

成功太重要了!常有人说一个艺术家应当为自己、为对艺术的热爱而工作,而且要嘲笑成功。这是一个错误的观念。艺术家需要成功,不只是为了生活,主要还是为了能看清自己的工作。

——毕加索

※ 毕加索作品——《马戏班支肘的小丑》

《马德里·艺术评论》的书，是他那位朋友的著作，毕加索也为这本书画了插图。

但是那本书一直没有出版，而《青年艺术》在出刊五期之后也无疾而终了。毕加索在马德里的生活很苦，他在哲班诺街租了一间楼顶的房间，此外他只买得起一张铺草垫的行军床、一张桌子、一把椅子，到了晚上点着一支插在酒瓶里的蜡烛来工作。他狂热地画着，忍受不足的供水及光线；饮食方面自然也很节俭，虽然抽了不少烟却很少喝酒，而用矿泉水作开胃饮料。不过这种斯巴达式的生活也有极限，寒冷的气候麻痹了他那地中海式的活力。

那时候现代主义风气刚刚吹到马德里，毕加索在巴塞罗那时早已接触过它，而在巴黎更是大量地吸收它，他自己的作品有好一阵子早已超越了这个阶段。对毕加索来说，如果巴塞罗那显得土气，那马德里除了普拉多博物馆之外，简直就是文化的沙漠。

虽然毕加索在马德里结识了不少有趣的人，虽然他卖掉了一些画，虽然马德里的冬天也行将结束，露出了太阳，但是到了1901年5月的时候，他却放弃了他的阁楼、桌椅，还有他寿终正寝的《青年艺术》，回到了巴塞罗那。

毕加索带回了大量的画作，大多是用蜡笔画成的。其中有一幅叫《侏儒舞女》。这是一幅猛烈、狂野的作品，构思、着色、下笔都极其精彩，图中那粗鄙、难以名状的畸形女孩，让人乍见之下就兴起一种残酷的感受，但再看一眼就可发现在那明显的苛酷之下，有着深深的同情，是一种不动声色的怜悯。

毕加索的目的地是巴黎，他要把大批答应过曼雅克的过期画作带去给他，因此只在巴塞罗那作了极短暂的停留。这段时间里他举办了一次画展，虽然并不是个人展，而是和拉蒙·卡萨斯的画作一同展

罕有的天才——毕加索

出,但是能和这样有名的画家一同展出就是一种荣幸。

巴塞罗那的美术评论杂志刊出了一篇赞美他的文章,是由极具分量的批评家尤特里欧所写的:

> 毕加索的作品是非常杰出的年轻艺术;它们是他那对具有观察力、不放过这一时代弱点的眼睛下的产物,表现出美,甚至是丑恶的美,是一种因为画家忠实画出他真正看到的东西所产生的美。这些展出的蜡笔画只不过是毕加索才气的一部分而已,这位艺术家会引起许多争议,但也会引起所有企图打破既存形象,寻求所有艺术形式的人们的尊敬。

这对一位未满二十岁的画家来说是极其亲切的鼓舞,但毕加索并没有留在那里享受它。他很少参加自己画展的开幕,这是可以理解的,因为在画展中,画家要把自己赤裸裸地挂在墙上,超出自己的控制,也不能再加以改变;另外一方面是因为他得穿上最好的衣服站在那里,听陌生人问他:"这幅画想要表现什么?"毕加索对这一类的事情向来无暇理会。

在画展还没有结束时,毕加索已经到了巴黎。曼雅克住在克里奇大道的一间小寓所,他欢迎毕加索以及他带来的画作,并邀请毕加索住下,还告诉毕加索自己已经为他安排了一场展览,不是跟波瑟·韦儿,而是在一家拉斐特路上的更大、更重要的画廊。

1901年6月24日开幕的这场展览又是一个合展,共同展出的还有三十多岁的巴斯克·埃乡里诺的画作,而批评家的注意力都集中在年

※ 毕加索名画——《悲剧》

※ 毕加索作品——《两姐妹》

轻的毕加索身上。古斯塔维·柯奎欧特——最具影响力的评论家之一，在评论上写道：

> 大量的技巧——年轻的、粗糙的源源而出。毕加索是个画家，全然美妙的画家，他对所画对象的提升证实了这一点。像所有纯粹的画家一样，他崇拜色彩的本身，而每件物体都有它的色彩。他爱所有的主题，而对他而言任何东西都是个主题——花朵从瓶中腾跃的光线，花瓶本身甚至它下面桌子的跃动，还有那个飞舞着、充满光线的空气……

这次画展真正带给毕加索的，除了赞美之外，就是麦克斯·杰克卜的友谊。他是一位格外具有感受力、聪明而又一贫如洗的批评家、诗人和作家。他对毕加索的作品印象深刻，因而想法子去结识毕加索。

麦克斯·杰克卜当时二十五岁，看起来却要比实际年龄大得多。他是个极有天分的人，读书多、吸引人、口齿伶俐、非常感性、害怕女人，是一个犹太裁缝的儿子。他在画廊留下一张赞美的字条，曼雅克得知后，便请他到克里奇大道去拜访毕加索。事后他描述道：

> 他被一大群穷西班牙画家围在中间，坐在地板上吃喝聊天。他每天画两三幅画，跟我一样戴着一顶高帽，在那些日子里，他把晚上的时间都花在音乐厅的布景后面，画那些明星的像。

他们握着手，相互笑了笑，因为没办法用语言沟通，便又握了握手。杰克卜看了看那些画布——毕加索来了之后已画了好几卷，随后又出现了很多西班牙朋友。刚才的拘谨消失了，有人煮了一盘豆子，他们就散坐在地板上吃着。晚餐结束了，所有的人，除了毕加索，开始用人声来代替乐团，企图演奏一首贝多芬的交响曲。

第二天，毕加索和他的朋友们结伴来到杰克卜住的小房间去回访。经过了很长的一段时间后,有些西班牙人离去了,身为翻译的曼雅克睡着了;毕加索和杰克卜注视着挂在墙上的道弥尔、加伐尼兹和杜勒的木刻。毕加索不知用了什么方法表达出他想听杰克卜的诗,那天晚上剩下来的时间他都在听诗。他们黎明告辞的时候,杰克卜把道弥尔、加伐尼兹和杜勒的那些木刻都送给了毕加索。

此后他们就常常见面,而毕加索和曼雅克的关系开始变得不愉快。很少有人能成功地把生意和友谊结合在一起,曼雅克也不例外。毕加索开始不喜欢那些成批涌来的朋友们,因为他们几乎成了他家的掠夺者。但这位商人对毕加索的影响比起卡萨杰玛斯的阴影来,根本不算什么。毕加索住的地方离他朋友自杀的小餐厅只有几步之遥,毕加索在全巴黎几乎找不到一个地方不使他联想到那起悲惨的自杀事件。

1901年的冬末,萨巴提斯来到了巴黎,他是特意来找毕加索的。这里的许多事都让萨巴提斯非常惊讶:在雾中昏暗的橘色太阳下,才早上10点,毕加索就已在车站等他,平常这时候他还没起床呢。而当毕加索把他带到克里奇大道的住处,给他看最近的画作时,萨巴提斯更加惊讶了。

完全不同了,这些似乎跟他在巴塞罗那所认识的毕加索完全没有了关联。其中有一些猛烈的、色彩鲜艳的图画,是毕加索自己的视野和梵·高的融合;一些人像,色彩斑驳得像扑克牌一样;一些丑角,悲伤而孤独的人物;另外还有卡萨杰玛斯的画像,活的和死的都有,一些在开启的棺木边的哀悼者;一幅命名为《招魂》,有时又称为《卡萨杰玛斯的葬礼》的巨幅画作。此外还有一些好像完全来自另一世界的作品,一幅印象派的克里奇大道,几幅令人满意的静物。但

※ 毕加索作品——《女孩与山羊》

※ 毕加索作品——《着小丑服装的保罗》

克里奇大道头一个月的作品都很令人欣赏，当时的毕加索似乎是个可指望的投资。但却没有人会买这些近作——这位商人痛恨"蓝色时期"。

曼雅克作为商人对自己的行业懂得多么少！梵·高活着的时候几乎很难卖出自己的画；而曼雅克，手里拥有无价之宝，却催促毕加索去走健全的商业路线。高知识水准（而且十分有钱）的艺术爱好者，从来不会想从音乐中听到一个故事，却仍然指望他们买的画中有某种程度的文学意义。这样，当别人问那象征着什么时，他们才有话可说。多年之后，毕加索有一次被一个女人问道："它象征着什么？"他回答："夫人，它象征着两千万个法郎。"

在巴黎的日子里，一个洋溢着惊人活力的毕加索，整晚寻欢作乐，到处寻找小酒馆、音乐厅和马戏团。然而另一个毕加索，那个非常寂寞的人，孤独地工作，航向一片未知的海域，除了实实在在作画的那一刻外，完全无法知道自己的去向。有创意的艺术家必然是寂寞的，人们可能会阻碍他，却绝对无法帮助他。毕加索当然有某些极重要的东西想要说出来，然而托洛斯·劳崔克、梵·高，尤其是塞

最重要的是，所有这些，属于毕加索的整个世界，都渗入了蓝色。

"你觉得怎样？"毕加索指着这些全新而令人困惑的图画问。

"我会及时习惯它们的。"萨巴提斯回答。而毕加索看来似乎无动于衷，他匆匆地出去替他在附近的旅馆找好了一个房间。

曼雅克颇为沮丧，不只是因为那些西班牙的穷人，还因为毕加索的画风不可捉摸。毕加索从巴塞罗那带来的那些斗牛画，还有在

罕有的天才——毕加索

尚，他们所做过的事也都能帮助他说出来，但根本上这完全是他一个人的事；他要么就一个人完全成功，要么就一个人彻底失败；而如果他失败了，他的生命就不再有任何意义。死亡和创作有一个相同点：一个人在两者上都是完全孤独的。

那一代的绘画艺术可以说是死的，毕加索必须为自己找到一条出路，也只能独自去做这件事情。奈比斯，那个时代的先锋，可能根本不会明白他在说些什么；梵·高十一年前就自杀了；高更正在大溪地；塞尚在普罗旺斯；托洛斯·劳崔克已经进了坟墓。毕加索那时还不认识布劳格或马蒂斯，虽然他身旁有一大群愉快的、可亲的伙伴，但他只可能和麦克斯·杰克卜谈他画里更深一层的涵义，这是因为语言的障碍束缚了他。毕加索现在已经学了一些简单的法语，不过还绝不够达到艺术交流的目的。其实即使他能说流利的法语，任何词句所能表达的也不如一张图画。

毕加索在巴黎停留的最后一段日子里画了一幅自画像——一个裹在一件黑色大衣里的半身男子，严肃的大衣和近黑色的头发强烈地对比出他苍白的面孔。他有一圈胡须，一些杂乱的小髭，而他特大的眼睛深深地下陷，凝视着远方。这张面孔不再年轻了，毕加索生活得极其艰苦，而且一直受着寒冬的折磨。事实上，事情还不只是这样而已，他这张脸上刻画着不同的磨难、怀疑、内在的冲突以及深深的不快乐。

"他相信艺术是悲伤和痛苦的孩子。"萨巴提斯说，"他相信不快乐适合于沉思，而痛苦是生命的根本。"

任何看过这张自画像和毕加索这时期的其他作品的人，都不会否定这些话。

萨巴提斯再度见到毕加索时是

※ 蓝色自画像

在1902年的春天，毕加索已经回到了巴塞罗那，住在家里，并在附近一间楼顶的画室工作。这间画室充满了地中海的阳光，与巴黎的寒冬形成了明显的对比。然而他的画作还是蓝色的，甚至比以往还要蓝。

毕加索在巴塞罗那停留到秋天，其间随时都在努力工作，形成了一种固定的生活方式：起得很晚，工作一整天，然后到"夸特·加兹"或其他小酒馆去，聊天到早晨。然后，当最强健的人都回家睡觉之后，他还会在夜晚的微寒中四处漫步。

这几个月中的作品大部分还是接续着巴黎时期的路线，而且发展得更加彻底：当然还是蓝色的，而且开始着重单一的形象。物体有所简化，外面的轮廓加强，而细节已被单一的色块所取代。此外，他作画的对象似乎可视为一种对社会的抗议——乞丐、赤贫的女人抱着孩子、瞎子、疯人、流浪汉。毕加索提到贫穷、饥饿和孤独时，知道自己想说什么。他当时在生活中常与城里的工人阶层有着密切的接触，那些人的工作情况如此不可忍受，以致在他刚回来的那个月中就发生了好几次暴动，1902年2月的时候更开始了全面性的罢工。权力当局派了著名的韦勒将军来处理巴塞罗那的情势，而韦勒将军采取了太鲁莽的压制手段，导致了政府的垮台。不过数周之后他们东山再起，把工人阶层压到原来的地位，并将他们中的一些积极分子处决或关了起来。

毕加索在巴塞罗那一点都不快乐，1902年的10月他出发作第三次的北上去了巴黎。这一次他抱着很

※ 毕加索作品——《熨衣服的女人》

罕有的天才——毕加索

高的期望，因为头两次来的时候虽然没有赚到很多钱，却已建立了很多关系，对一个年轻画家而言可以说前景看好。

但这一次好像一切都不顺心，没有一件事称心。他先是在拉丁区的艾克斯旅馆落脚，跟他所有的朋友都相隔甚远。然后他又搬到一家更便宜、位于塞纳路的马洛克旅馆，与雕刻家阿加洛合住一个小房间。

矮屋顶下的一张大床几乎占去了所有空间，所以当那位雕刻家要走动的时候画家就得躺下。一个小小的圆窗是他们所有工作的光源，不过毕加索在此还是画出了许多作品。房间租金很低，一个礼拜才5法郎，不过他们还是不大付得起，而麦克斯·杰克卜注意到"毕加索和那位雕刻家都不常吃东西"，因此他常常会带一些炸马铃薯给他们吃。

麦克斯·杰克卜二十六岁，他曾当过律师的书记和秘书，还做过保姆、钢琴教师和艺术评论家，目前正靠当一个小孩的家教来维持生计。不过现在情况有所好转，他的一位有钱的亲戚在伏泰尔大道开了一家商店，找他去做底层的店员。杰克卜在附近租了一间第五层楼的小房，没有暖炉，而且只有一张床，不过他还是马上邀请毕加索一起来住。

毕加索一向喜欢在灯光或烛光下工作，这正好，他白天睡觉，等杰克卜从店里回来要就寝时，他就起床，画上一整个晚上。

有一阵子日子过得比较舒服，他们常煎蛋卷和豆子吃。不过麦克斯·杰克卜不是很适合固定的职业，而且在店里表现得并不好，又那么潦倒，所以虽然和店主有血缘关系，他还是被开除了。

在最穷困的时候，有一次毕加索和杰克卜在街边摊子上买了一个肉卷，把它带回家去，加热的时候它不断地胀大、再胀大，最后炸了开来，除了皮和烧焦的肉味外什么也没剩下。当时这件事在他们看来绝不是有趣的。没有人买毕加索的画，虽然有人曾想帮助他：波瑟·韦儿在那一年里为他举行了三次画展；查理士·莫利斯也在1902年12月所撰写的评论中对他加以赞扬：

不凡的、孤绝的悲伤出现在这年轻人的所有作品中，这是些已经无可限量的作品。毕加索，他在认字之前就开始画画，似乎担负着表达一切存在事物的任务，而他就用画笔来表达它们。我们可以说他是一位想要重整这个世界的年轻神祇，但却是一位忧郁的神祇。他所画的数百张

※ 毕加索作品——《站在球上的艺人》

脸孔都是苦痛的，没有一张带着笑。这是无可挽回的吗？我们不清楚。但毫无疑问的是，他的作品蕴藏着力量、才能和天赋。

情势到了他非回家不可的时候了，毕加索出价二百法郎，想把所有波瑟·韦儿没能帮他卖掉的一大堆画卖给任何想要的人。这时正是一月天，是最冷的月份，为了取暖，他把他的素描和水彩画烧了很多，整整烧掉了一大沓。

回到巴塞罗那的毕加索，仍然没有摆脱卡萨杰玛斯的阴影。他在过去与卡萨杰玛斯同住的那间画室工作，周围处处可见到往日的相识，甚至他们画在墙壁上的家具和仆人也都还在。他开始画一连串的草图，酝酿着他在这一时期最重要的作品。有一幅画被很多画商和艺评家命名为《生命》，虽然它的含义有多种解释，但都与卡萨杰玛斯的死有关，这是不容置疑的。

《生命》这幅画起草虽然很早，真正动笔却在1904年初。毕加索为此作了许多准备，去找派亚瑞斯、萨巴提斯和"夸特·加兹"的朋友，还有其他许多人，把早日生活的线索一点一滴地收回记忆中。不过在1903年的巴塞罗那，政治的局势也影响到了毕加索。学生革命运动兴起，权力当局关闭了大学；那一年里有七十三次罢工，有些还伴随着暴动；当局镇压的手段粗暴而粘满血腥。失业率增加，穷困工人、流浪汉、老人、瞎子、跛子的命运变得更加悲惨。这些在毕加索的画中都反映了出来：1903年的作品有《老犹太人》（画着一位古代的老年乞丐，身旁有一个眼神清亮的小男孩护卫着）、《盲人的晚餐》（画着一个瘦削、颇为年轻的人物，坐在桌旁，拿着一片面包，一边摸索着水壶），还有《老吉他手》，等等。毕

罕有的天才——毕加索

加索深深关切着贫穷、失明（贫困的极限）及孤独的人。

《生命》是蓝色时期最大幅的油画之一，许多看过这幅画的人都想解释其中的含义。尽管解释各不相同，但解释者似乎都比毕加索本人知道得多。有些人会写出这样的话："毕加索不自觉地表达出……"或者"毕加索本身没有察觉到，但他确实吸收了……"

关于这幅画，毕加索日后这样说："《生命》这个名字不是我取的，我根本无意去画一些象征；我只是把我眼前浮现的景象画下来而已，替它们找隐藏含义是别人的事。据我所知，一幅画本身就足以解释它自己。一切都表达得明明白白，作一些解释又有什么用呢？一个画家是只用一种语言的……"

《生命》画面左边是一个女

※ 毕加索作品——《盲人的晚餐》

※ 毕加索作品——《生命》

孩,裸体,站在卡萨杰玛斯身旁,两只手臂都倚在他的肩膀上。卡萨杰玛斯的手摆得很低,指向画对侧的一个年长女人。这女人赤着脚,穿着一件深蓝色的长袍,袍褶中抱着一个婴儿,她默默地注视着那一对男女。在背景齐肩高的地方有一幅图画,中间有两个裸女彼此用手臂拥抱对方,年轻的一个似乎在安慰年长的一个;下面另外有一幅较大的图画:一个女人坐在地上,她的头伏在膝盖上。整幅画面给人一种深深的、长久的、不快乐的感觉。

毕加索在作这幅画期间,萨巴提斯常常陪着他。一天,他们在小酒馆中和朋友们在一起,当话题开始变得沉闷时,毕加索瞥了萨巴提斯一眼,说:"你来不来?"然后就站起来,走了出去。

回去的路上,除了"真是天生的笨蛋"和"你不觉得他们是笨蛋吗?"这些话之外,他很少再说话。到了画室门口,他把萨巴提斯一把推了进去。

画室里,毕加索锐利地注视着萨巴提斯,在书架上放了一张画布,然后说:"我要画你的肖像,好吗?"

他需要一个同伴,一个人在眼前,但必须是个不会说话的——他不想谈话。萨巴提斯站在那儿,尽责地沉默着,毕加索则专心静默地画着。终于大致画好了,毕加索把画笔一丢,大叫:"喂,你为什么不说话,兄弟?你的舌头不见了吗?别人会以为你心情不好呢。"

他们又快乐起来了,健谈而愉悦。他们一起出去散步,世界还是可以生活的,人们不再令人厌烦了。

第二天他加了最后几笔,完成了这幅肖像。当然,还是蓝色的,但嘴唇上饱满的红色,领带夹的亮丽金色是过去所没有的。这是一个令人展望的前兆。

罕有的天才——毕加索

玫瑰时期

东扣西省，节衣缩食，卖了一些画所得的钱又使毕加索回到了巴黎，这是1904年4月间的事。这一次，他在拉维南街13号找到了一间画室，13号是一幢用木头、锌片、肮脏的玻璃建成的五层

※ 毕加索作品——《约会》

※毕加索作品——《拿扇子的女人》

楼房,上面横七竖八地伸出许多烟囱。麦克斯·杰克卜觉得这房子很像塞纳河上载着洗衣妇的船只,因此就把它称为"洗衣船"。事实上里面确实住了一些洗衣妇,还有一些女裁缝,许多画家、雕刻家、作家、菜贩和演员。

毕加索的画室是在底层一条长走道的尽头。他在此时所认识的大多是西班牙或卡达浪人,包括了彼克特、罗卡洛,还有当时很有名的苏洛加,当初教他做第一次蚀刻的康纳斯以及杜利尔和马诺洛。

马诺洛和毕加索之间的友谊持续了一生。毕加索欣赏马诺洛的雕刻,马诺洛也欣赏毕加索的绘画,但事情不只是如此而已。马诺洛比毕加索年长十岁,是一个私生子,很小的时候就开始在巴塞罗那的街上乞讨生活,在生存竞争的磨炼中变得十分精明,比较难听的字眼如"强盗""小偷""三只手"都曾经加在他身上。他曾在杜利尔不在家的时候把他墙上的高更画全都卖给了别人,又曾趁麦克斯·杰克卜正在睡觉时偷走了他唯一的一条裤子,只是后来因为没有商人肯出价,又把它还了回去。马诺洛极端地机智、乐观,甚至连他的受害者——也就是说几乎所有他的相识都对他毫不怀恨。对他来说,毕加索永远都是"小毕加索",而毕加索跟他在一起比跟谁都快乐。

"洗衣船"中的另一个住客,一位叫作斐南蒂·奥莉维亚的法国女人,是一个被神志不清的雕刻家丈夫遗弃的妻子,她常常看到毕加索跟马诺洛一起大笑,在小庭院的树下和西班牙朋友聊一整天,有时还和当地的小孩儿在灰里面画小鸡、鬼子。她觉得奇怪,不知毕加索还有什么时间来工作,后来才发现那是在夜里,油灯或烛光的照明之下。

这个时候毕加索二十三岁,斐南蒂岁数也差不多。她是一个高大、爱睡觉,且极为美丽的女人。

罕有的天才——毕加索

一个炎热郁闷的午后她到屋里躲避一阵雷雨,毕加索也正站在那儿,怀里抱着一只小猫;他挡住了她的去路——他们两个都笑了。他把小猫交到她手里,邀请她来参观他的作品。

斐南蒂画室看得多了,却没有看过像这样的,不止是因为它的杂乱,更是因为里面的一大堆画。它们全都是蓝色的。她虽然觉得有些不健康,却还是很喜欢。另外那里还有一幅蚀刻—— 一对羸弱的夫妻坐在铺纸的桌前,桌上放着一个酒瓶、一个空杯子、一个空盘子和一块面包,那个饥饿男人的脸转向旁边,不过手臂却围着妻子的肩膀,另一只手握着她的手臂。这一幅,便是后来极为出名的蚀刻《淡薄的一餐》。

过了一段时间,斐南蒂就搬去跟毕加索住在一起。确切的日期不清楚,不过差不多就在同一时间,极不快乐的"蓝色时期"结束了,渐渐进入了毕加索的"玫瑰时期"。

毕加索在巴黎住的时间还不长,但他已经完成了不少作品,并且已结交了不少法国的和一些不太会说法语的朋友,像阿波林纳、沙蒙、瑞弗第、雷诺等等。阿波林纳是一个活跃的诗人、小说家,他和毕加索以及其他很多人都常常到"丁香园"去,在那儿认识了许多诗人、作家。有一位叫阿弗雷·加瑞的朋友很喜欢毕加索,还送给毕加索一把手枪,那是一把小勃朗宁手枪。毕加索以后常常把它放在口袋里,每当听到有人说出轻蔑塞尚的言语,他就会把它掏出来放在桌上,说:"再讲一个字我就开火。"

※ 毕加索作品——《猫和龙虾》

※ 毕加索作品——《拿花篮的小女孩》

毕加索在其他画室也有很多朋友，而"洗衣船"的每一个住客也都很快认识了毕加索。阿波林纳和毕加索的西班牙友人常在晚餐时刻不请自到，毕加索和斐南蒂常与他们或其他画家一起进餐，另外他们的屋里还养了许多小动物：一只老鼠、许多猫、更多的狗，甚至还有一只小猩猩。毕加索除了喜欢动物之外，还常常跟朋友去马戏团玩，他喜爱那里的气氛，那里所特有的艺术整体表现和那些人全然职业化的训练。

此时毕加索的物质生活极端的不稳定。他很久都没有作任何展出了，不过还是与几位画商保持接触：渥拉德、波瑟·韦儿，还有克劳维斯·沙果。有一阵子毕加索发现自己已经欠了颜料商900法郎的账，颜料商也因此断绝了对他的供应。这对任何画家而言都意味着要挨饿了，此时渥拉德不买他的画，而沙果只能出很低的价钱。这段时间里毕加索常常把画画在用过的画布上，甚至是画布的背面。

1905年的大半年情况跟1904年一样糟，偶尔卖出的画赚的钱只够维持他不倒下。他当时生活的社会并没有社会保险，对失败者也极少有慈悲。整个日子是困窘的。

不过好日子就要来了。"玫瑰时期"和"蓝色时期"的作品开始被人接受，甚至到了受欢迎的程度；就在1905年11月的时候，里奥·史丹·和赫特露德·史丹夫妇在拉斐特街上闲逛，看到了沙果店里毕加索的作品，马上对他产生了兴趣。当这对夫妇第二次来的时

罕有的天才——毕加索

候,沙果拿出毕加索的《拿花篮的小女孩》给他们看。里奥·史丹用150法郎将它买下,带回锦簌路的家中,和他收藏的塞尚、高更和马蒂斯的画挂在一起。

后来史丹夫妇由一位法国作家带领到毕加索的画室拜访他,并且一次就买了八百法郎的作品。这次会面对毕加索极为重要,不只是因为正当拮据的时候得到了这一大笔钱,而且因为史丹夫妇是稳定的、不挑剔的买主,此外他们使毕加索的名声在可能买画的人之间传开了。史丹夫妇和毕加索一见面就喜欢上对方了,他们邀请他和斐南蒂来家中共进晚餐,此后互相都不再拘泥了。毕加索对赫特露德·史丹的相貌极为着迷,为她画过许多幅肖像,一直到多年以后,毕加索再也不需要买主时,他们的亲密关系仍然存在。

此外,这一次的会面还产生了毕加索与马蒂斯的友谊。毕加索的作品在1902年时曾在波瑟·韦儿的店里跟马蒂斯一同展出过,但他们本人却从未见过面。史丹夫妇有一次带着马蒂斯和马蒂斯的女儿玛格丽特去拜访住在"洗衣船"的毕加索,而事隔五十多年之后,玛格丽特仍然记得他们房里的那只庞大的母狗"飞卡",她判断那是一只圣伯纳狗。斐南蒂出奇地美丽、可亲和高大的身材,也使这孩子印象很深。还有,她帮他们的咖啡准备糖的方式(她走到食橱前面,用手捞起一大把,然后把它洒在桌上比较干净的一块地方)一样使玛格丽特难忘。

这时候的马蒂斯虽然还不太出

毕加索作品——《两个小丑》

43

名而且一贫如洗，但已是一个杰出的、引人争议的人物。他是野兽派的领袖，他那野蛮的、色彩鲜丽的画曾在1905年的秋季沙龙上使观赏者震惊，引起了一场抗议风暴。

1905年的马蒂斯三十五岁，而毕加索是孩子气的二十四岁。马蒂斯是一个高大、胡须漂亮、样子好看的人，博览群书，教养极佳。他是一个出身于中产阶级的北方法国人，有点含蓄，不过他在社交上很自如，尤其擅长有礼而富于智慧的谈话，而且他喜欢天伦之乐——他的妻子和女儿玛格丽特对他来说是最重要的。除了对绘画的共同狂热外，再也找不出任何两个人如马蒂斯和毕加索这么不相像的人了。但是马蒂斯是唯一这样的一个画家：他的成就使毕加索一生都受到激励，而以其作为评判自己的标杆。

马蒂斯很喜欢毕加索，过了一段时间后他把瑟盖·舒金——一个来自莫斯科的有钱人介绍给毕加索。这位收藏家时常到巴黎来，而他第一次到拉维南街时就买了毕加索两幅作品，而且付款极大方，此后一直到1914年期间，他起码买了五十多幅毕加索的画。在他之后又有糖业富豪伊凡·莫洛索夫跟进，以致俄国后来拥有从蓝色时期一直到分析立体主义的众多毕加索作品。

马蒂斯和毕加索都了解这些有钱的业余爱好者的真正重要性，他们当然不否认金钱的价值，但他们两人也都明白有些事情远远重于物质上的获得。受到承认、受到推荐、受到有识之士的赞美本身就是一种激励。毕加索曾说："成功太重要了！常有人说一个艺术家应当为自己、为对艺术的热爱而工作，而且要嘲笑成功。这是一个错误的观念。艺术家需要成功，不只是为了生活，主要还是为了能看清自己的工作。"

成功是必要的，而它也正缓缓地接近毕加索。蒙马特常有许多访客，大多是来找乐子的巴黎人。另外也有少数外国人，像匈牙利人、德国人、捷克人、瑞典人，他们是因关心艺术而寻访某些特别的艺术家。有些人找到毕加索，请他解释

※ 毕加索作品——《穿衬衣的女子》

罕有的天才——毕加索

知识链接

印象主义

　　印象主义过分强调色彩、光线的变化，忽视了对象形态的稳定性和客观性，由此也有一部分画家首先产生了不满，塞尚最先提出了改革印象主义的提议。他忠实于自己的双眼，企图表达多重视野，认可视点移动的事实。同时期的另外两位画家梵·高和高更也很注重色彩的对比关系和体积感。

　　1907年春，毕加索坐在"洗衣船"里的画室，苦苦构思一幅反映巴塞罗那阿比南大街妓女生活的作品。好几个不眠之夜过去了，完整的草图出来了。五个裸女坐在夜总会的舞台上，柔嫩的粉红色肉体在蓝色的背景映衬下显得非常突出。经过四个月的修改，一幅尺寸巨大的《阿比南少女》诞生了。这幅立体主义的处女作和代表作像一颗炸弹投向巴黎画坛，引起了同行们的漠视、误解甚至抨击。它无疑是西方现代艺术史上的一次革命性突破，引发了立体主义运动的诞生。

　　立体主义是20世纪最重要的前卫运动。它对后来的各种现代派艺术都产生过不同程度的影响。立体主义者所关心的核心问题是怎样在平面的画面上画出具有三度乃至四度空间的立体的自然形态。20世纪现代科学技术的发展，使传统的"时间""空间"等基本概念受到挑战，画家们因而有理由以更适应现代观念的科学法则来表现自然。这个法则就是按结构重新组建物体的形象。

　　他的画——它是什么意思？他一辈子都厌恶这种问题，而这些问题一辈子都阴魂不散地纠缠着他。

　　什么人都想了解艺术，他生气地叫道："为什么不去了解一只鸟唱的歌？为什么人们可以爱夜晚、花朵、周遭的一切，而不试着去了解它们？可是提到了绘画，每个人却都想了解……"

　　毕加索晚年的时候，用故作神秘、开玩笑或粗鲁的态度来对付这种问题，但在年轻的时候，他的手段更为激烈。有一天晚上，他在餐厅被一群热切的德国人烦得要死，他走了出来，那些人大惑不解，也跟着走在后面，到了一个广场，他转过身来，亮出他的勃朗宁，连开了好几枪——这真是一个令人无法

45

※ 毕加索作品——《马上的姑娘》

忽略的暗示。

不过并不是所有的访客都如此烦人,事实上,他们带来不少金钱。有一天温拉德到"洗衣船"来,把毕加索画室里的全部作品一股脑儿买光,付了2000法郎。看着这一大笔钱和空了的画室,毕加索决定要好好度个假,于是和斐南蒂搭上了去往巴塞罗那的火车。

斐南蒂的出现既不使荷塞家人惊讶,也没有使他们不高兴。他们都很喜欢她,奇怪她为什么不嫁给毕加索。她并没有提到那个疯子雕刻家——她法律上的配偶。她让毕加索的朋友们都很高兴,包括派亚瑞斯在内。

不过这里只是他们旅程的中站。待了几天之后,他们就出发到了高索,一个位于比利牛斯山高处的山城。

高索的生活方式跟欧塔很像,也跟欧塔一样在卡达浪的语言和文化圈内,因此毕加索就像回到了家乡一样。他住在唯一的一家小客栈里,跟当地的村民交上了朋友,并且开始作画。

刚开始在高索作画时,他似乎还延续着他的古典作风,画着柔和的形体,大多用粉红色,有些作品上只有这一种颜色。其中有一幅斐南蒂的人像,另外还有一幅裸体人像,画中的女人手举在头上,对着镜子整理着头发,镜子由另一个女人拿着。但是不久之后,画风忽然变硬了,粉红色不再那么艳,人的形象开始变得像雕刻的形状,脸部有着无表情的、面具般的特性。《送面包的人》——一幅大型油画,上面是一个戴头巾的女人和两大块黑面包,面包下面垫着白垫子。这幅画就显示出刚才说的这种变化,而在毕加索返回巴黎后这种变化更为明显。

1906年夏季的这几个月是十分美妙的,不但产生了不少作品,恢复了毕加索的健康以及他跟乡间生活的接触,也强壮了他的身体、心智和精神。这些日子本来可以一直持续到秋天,不过客栈里的一个小孩儿忽然得了伤寒病。毕加索一向

罕有的天才——毕加索

惧怕疾病——死亡的前兆,因此他坚持马上赶回法国。

回到巴黎之后,毕加索用他从高索带回的画作重新填满了他的画室。上次唯一还留在画室的是一张未完成的赫特露德·史丹的肖像,脸孔的部分还是一片空白。他在还没有机会再次见到她之时,就凭记忆完成了这幅肖像。美丽的脸蛋被一个面具所取代,不动而专注,有一双严厉的、高低不平、大小不等的眼睛。朋友们都吓坏了,模特儿本人倒是很高兴。至于"相似"的问题,正如同毕加索所预言的,她随着年岁的增加越来越像这幅肖像。

这幅画之后跟着又是一幅,是幅自画像,在此,那种面具的特性更加重了。而后又出现两个裸体人像,巨大、粗壮、似雕像的女人,像铜色一般淡红,以传统标准来看称得上丑陋,而且丝毫不带情感,整个的感受跟粉红色时期完全不一样。

这个时期他开始注意到野兽派了,他马上知道他们的表现手法和艺术风格不是他自己的答案。此外,由于塞尚在1906年10月间死去了,他身后的作品展览更打动了毕加索的心。他一直都很欣赏塞尚,他看过愈多塞尚的作品,愈发现塞尚的心思也被困惑自己的同样问题所占据。塞尚说的"用柱体、圆形和角锥去处理自然,并把它们都纳入配景……"立即引起了毕加索的回响,两个相似的心灵产生共鸣了。

1906年的秋天到1907年的春天之间,毕加索的心思不断地酝酿,经过一连串的准备和许多草图的尝试后,所产生的是最具野心的一幅作品,在这幅作品中他要把他的绘画、雕刻的观念和其他许许多多东西结合起来,这是关于空间、体积、质量、颜色、平面和线条的所有概念。1907年春天完成的作品《阿比南少女》上面有五个女人,她们

※ 毕加索作品——《梳妆》

47

※ 毕加索作品——《立着的裸女》

带着它的全副潜力和全新审美观，如同一颗无政府主义的炸弹投入了西欧的绘画界。

他邀请了一些挑选过的朋友来他的画室，希望能传达这个来自另一世界的讯息，不奠基于美的审美观，但是他的努力是枉然的。他们完全没办法掌握它，他们仅有的反应是震惊、慌乱、惋惜，及一些神经质或愤慨的笑声。即使是富有鉴赏力的舒金也摇头叹息这是"法国艺术的一大沦落"。

这枚炸弹没有马上爆发，但在一长串缓慢的强化过程之后，《阿比南少女》被证明是这个时代最有力量、最具冲击性的一幅画。

※ 毕加索作品——《亚威农少女》

的所有人性和感觉都抽象化了：她们粉红色的身体，几乎没有任何修饰，在画面上排列成从左下方到右上方的对角线，其中一个则蹲踞在右下方。左边的三个女人有着"高索"式的面具脸孔，其中一个头部的轮廓上可看到一只几乎占据全脸的眼睛，另外两个头部脸上可看到鼻子的轮廓，像楔子一样尖，身体部分大多是由直线和有角的平面构成。她们站在蓝色的背景之前，而右半边扭曲的力量更达到另一个高峰：蹲着的女人脸部转向右方，形状被野蛮地打乱了，而上方站着的女人脸孔是一个长脊、突出的鼻状物，极像某种刚果的面具。

毕加索创造了立体派的第一件成品，一幅革命性的可怕画作，连

罕有的天才——毕加索

过渡时期

※ 毕加索作品——《女士头像》

毕加索常人的一面受到了强烈的伤害。布劳格说："你要逼我们吃煤层、喝煤油。"马蒂斯则相当的愤怒。里奥·史丹说："你想要画四度空间？多么有趣！"而且还加上一声驴鸣似的长笑。而渥拉德则说："这是疯子的作品。"因此，毕加索悄悄地把画收到一边，以后十多年都没有拿出来。但是他超凡的一面却绝不理会别人的判断，他知道自己的工作还没有全部完成，而他的意愿仍很强烈。

毕加索说过他的绘画是一种不断尝试的过程，《阿比南少女》把他带到了立体派的边缘，但在朝那个方向更进一步之前，他的追寻把他引到了关于形状和体积的研究上，而构成了他的"黑人期"。

1905年的时候，

布劳格、马蒂斯、佛拉明克以及巴黎的整个比较前卫的艺术界都在赞美、收藏一些他们称为"神物"的非洲雕刻，他们把它们当作雕像来欣赏，而只有毕加索以它们的本来面貌去看它们。毕加索是因为纯粹的好奇而走入"人种博物馆"，在那里，那些黑人的雕刻首次启发了他。

日后，在1937年，毕加索曾与别人谈到这一段经历——

　　……对马蒂斯或狄伦来说，这些黑人的面具只不过是一些木雕——另一种形式的雕刻而已。……在那间博物馆里，只有我一个人，那里的气味极难闻。我想要出去，却没有走；我留在那儿感觉到一些对我很重要的事要发生了。

　　那些面具不只是一般的雕刻，绝对不是。它们是魔法。我们先前根本不了解这回事，我们把它们当作原始的雕刻，而非魔法来看。这些东西是仲裁者，抵御任何事情：抵御未知的、可怕的神灵。我一直注视着这些神物，然后忽然发觉我也一直在抵御任何事情。我也觉得任何事都是未知的、敌对的！任何事！不只是这些或那些，而是所有的事物，不论女人、小孩、动物、抽烟、游玩……任何事！我明白了黑人的雕刻对他们的意义及真正的用途。为什么要刻成那样而不刻成别的形状呢？他们毕竟不是立体主义者，因为立体派还不存在……所有这些神物都是同样的东西：那就是武器。用来帮助人们不再受神灵所左右，得到独立。这些是工具。如果你赋予神灵一个形象，你就有办法摆脱它们。不论神灵或潜意识或情感，它们都是同一件事。我终于明白我为什么要做个画家了，就在那间博物馆中，四周环绕着满是灰尘的面具、印第安玩偶和神像。

1907年到1908年，毕加索的收获除了一大堆的面具之外，还包括他对塞尚更进一步的了解，与布劳格的友谊以及和罗梭的结识。

1907年的秋季沙龙举行了一个塞尚作品的回顾展，毕加索对这位伟人更加崇拜。尽管意志坚定、个性坚韧，毕加索的灵魂却还是孤独的，而且常常受到疑惑的折磨。当他发现另外还有一个心灵跟他走在同一个方向，抓着同样的疑问而得到相似的答案时，他感受到深深的快慰和力量的源泉。

"他是我唯一的老师……我花了许多年来研究他的作品……塞尚！你

罕有的天才——**毕加索**

可以称他是我们所有这些人的父亲。是他在呵护着我们。"毕加索说。

布劳格当时是野兽派的佼佼者,他和毕加索的友谊起于阿波林纳带他去看《阿比南少女》,乍见之下他完全不能接受它的观念。他和毕加索争论了几个星期,最后还是不以为然地离开。但是塞尚和毕加索的话和例子对他起了作用,布劳格开始做一连串新的试验,而在1907年末画了他的《大裸体像》,有绝对的立体派倾向,到了1908年的夏天,他更朝这个方向跨出了一大步。

1908年,毕加索买下了第一幅亨利·罗梭的作品。这是一幅相当大的油画,是一位波兰女教师的肖像。

"我一看到它就被迷住了,"

塞尚作品

毕加索对人这么说，"我正在马泰尔街上走着，一个旧货商的店门前摆着几大叠的画布，一个头像伸在外面——一个带着严厉表情的女人脸孔……法国式的洞察力，清晰、果断，是一幅好大的油画。我去问价钱。'五个法郎，'商人说，'你可以在上面画画。'"

这时的罗梭六十四岁，一个胆怯、有灰胡子、极易脸红的人。他是一个自学成才的画家，而在他的一生中，他真正的价值只有极少数人知道。他的画作今天摆在罗浮宫里，而大家都承认他的画意境极高，但在他自己的时代里却只受到偶尔的赞美，以及被大量的嘲笑所掩盖。毕加索深深有感于他的才能，决定要赞美他——为亨利·罗梭举行一场宴会。

这个决定相当冒险。罗梭像个孩子一样地容易感动，而将被邀来赴宴的人几乎没有一个真正欣赏他的绘画。其中有许多人把此举视为一种捉弄，赭特露德·史丹说那将是一场"有趣的玩笑"。尤其，毕加索和斐南蒂都完全没有举办宴会的经验。

无论如何，他们还是如期举行了。陶器、玻璃杯、叉子和汤匙都借齐了，毕加索买来的那幅肖像挂在众多的非洲木刻之间，梁柱上挂着中国灯笼，还有彩色的花环，一张长布招，周围都是小旗子，上面写着"向罗梭致敬"。食物是从餐厅叫来的，另外有大量的酒水。客人都邀请好了，阿波林纳、里奥·史丹夫妇、爱丽丝·托克拉丝、布劳格、彼克特和赭曼妮、阿盖罗、雷诺，还有其他许多人，包括一些年轻女士，总数大概有三十个人。

宴会刚开始的时候不大顺利。客人们趁晚餐还没好的时候在附近一家酒吧喝开胃酒，结果时间拖得太久，其中一位醉得昏了过去，同时其他的人开始灌年轻美丽的玛丽·劳伦辛，所以在他们到达画室时她跌倒在沙发上的一盘果酱馅饼上，然后浑身都是奶油和果酱地跑去拥抱其他的人。

每个人都及时入了座，在欢呼声中，阿波林纳领着贵宾罗梭到达，罗梭盯着那些灯笼，腼腆的脸上绽出愉快的笑容。他被安排在一个放在小平台上的宝座里，然后盛宴开始了。几道菜过后，诗歌和演讲也上场了，阿波林纳朗诵了自称是即席之作的诗：

你记得阿兹提克的风景，
　罗梭，那一片芒果和凤梨生长的丛林，
　猴子敲出了西瓜的血，

罕有的天才——毕加索

他的灯笼下睡着了,蜡油在他的头上漏了一小片,倒是没被烫着。

宴会继续进行,沙蒙忽然跳上了桌子,发表一篇颂辞,喝干了杯里的酒,然后马上变得狂野起来——他和别人商量好要模仿精神错乱的痉挛发作,用肥皂泡来代替口中的白沫,但是无数的酒精似乎使他失去了控制。接下来的混战当中那些黑人雕刻饱受威胁,不过布劳格把他们护住了,同时毕加索把沙蒙拖走,锁在一个衣帽间里。整个过程中罗梭都在打瞌睡。

然后歌唱开始了,有些歌是玛丽·劳伦辛唱的,有些歌是罗梭唱的。他一边拉着他的小提琴,一会儿却又睡着了,只是偶尔醒来有礼貌而专心地听他的邻座说话,或者静静地告诉他们他在墨西哥的经历。早上三点钟时史丹夫妇离开了,带着罗梭一同搭车回去。毕加索无疑达到了他的目的——罗梭度过了一生中最快乐的时光。毕加索的坦诚让罗梭只看到这宴会好的一面;他觉得他是如此被赞扬,于是写了一封文笔甚美的信告诉毕加索他的美好的感受。

这一段时间是毕加索社交活动最频繁的时期,除了卡达浪的朋友和画商之外,还有画室里不断的访客。舒金虽然不能接受《阿比

※ 毕加索作品——《斯坦因画像》

和那被射死的头发漂亮的国王。

我们群集来庆祝你的大名。

现在正是饮酒的时候,

让我们饮尽这杯毕加索向你致敬的美酒,

一齐高呼"罗梭万寿无疆!"

更多的诗,更多的举杯致敬,而罗梭喝得超过了平常的酒量,在

※ 毕加索作品——《土耳其装束的夫人》

个高大的"侍卫"：狄伦、阿波林纳、布劳格和沙蒙。

这一年的夏天毕加索在乡下度过，而在秋天回到巴黎的时候，他和布劳格发现彼此各自在夏天里所作的作品已归纳到同一条路上了。

布劳格所画的风景和静物不再有野兽派的痕迹，相反的，他向1908年秋季沙龙所提供的七幅画作，完全抛弃了他过去习用的无限制的强烈色彩，而成为有严格规范的、"几何形"的，同时压抑了色彩的表现。由于有五幅画被沙龙拒绝，布劳格一怒之下拿回了全部的七幅画。同年的11月，坎韦勒把这些画在他的画廊展出，另外还加上二十一幅。曾为野兽派命名的艺评家路易斯·瓦克塞里写道：

> 布劳格是个很勇敢的年轻人……他建立起扭曲的、金属似的、出奇简化的小小图样。他鄙视形状而要简化一切东西——视野、场所、人物、房屋成为几何的图形，立体的方块。

这些文字渐渐流行起来了，尤其是在1909年毕加索从欧塔带回更多画作之后，毕加索和布劳格以及其他许多画家，就成为大家公认的立体画派。

南少女》，却仍然常来买他的画。另外也有一些外国的买主，包括德国人、俄国人、匈牙利人还有中国人。毕加索也常常去见他的画家朋友们，在那里，他们渐渐集结成密切的一群人。赭特露德·史丹有一张相片，上面的毕加索看起来很像矮小却出众的拿破仑，旁边跟着四

罕有的天才——毕加索

首开立体画派之风

对毕加索来说，立体主义是一种说出他想说的东西的语言，而他觉得这是一种适当的语言。这种语言不比其他的语言好，也不比它们坏，只是与过去的画派截然不同。有人问他在开始这种新形式时所持的目标是什么，他回答说："画画而已，没有别的。一边画，一边寻求一种新的表达方式，抛去无用的写实主义，使用一种仅仅与我的思想有关的方法——不让我自己受到客观及真实所左右。既不是好的，也不是真的；既不是有用的，也不是没有用的。我的意念离开一切外在的体制而成形，不管公众或批评家们会怎么说。"

他又说："许多人以为立体主义是一种过渡的艺术，一种为达到隐藏的目标所

※ 手持调色板的自画像

※ 毕加索作品——《山羊》

主义。"

"美"这个字，跟"爱"这个字一样，被人争论得太多，以至于现在已无法赋予任何定义。不过它还是有意义的，而毕加索对美有强烈的感受力，这种感受力扩大到涵盖了许多一般人在感受上所排斥的东西。对他来说，美是不能划分等级的，当他提议把狗的大便黏在画布上，然后在周围加框时，他也许不完全是在开玩笑。

这种对美的感受和对物体本身的注意，在小孩子中是很普遍的。大多数人都记得自己曾望着沙滩上的小石、水坑上的油彩而出神，但多数人的这种视野在成长的过程中都缩小了，甚至消失了。社会、道德和审美的观念把他们磨成了相同规格的产物。但这件事没有发生在毕加索的身上，这是由于他的天性以及远远超出公众的境界。他没有放弃自己的理念，这种美感在他的内心里反而越来越强烈。他常会去说服那些还能接受说服的人们，告诉他们在他们所知之外还有其他的价值存在。例如，他的一幅山羊画，违背了一切既存的、学院派的美感准则，却能让无数的观赏者享受到那只动物的精粹。

刚开始的时候，某种程度的不解当然是存在的，因为毕加索的画

作的试验。有这种想法的人并不了解它。立体主义不是种子也不是胚胎，而是一种处理形状的艺术，一个形状一旦被察觉出来后，它就拥有了自己的生命。一块矿物，它所具有的几何形状，并不是为了某种过渡的目的而生成的，它会一直保持本色，而拥有它自己的形状。但是如果我们可以把它加诸艺术之上的话，就得承认立体主义也是一种过渡的艺术，不过我确定它唯一会演变出来的就是另一种形式的立体

罕有的天才——毕加索

并不是对一些既存的人体、房屋或树木的模拟，而是为了物体本身而做的一种创造——一种本身即具有价值，而其与物体间的相关亦具有价值的叙述。在这观念的再现中，原先的出发点——"真实"，一直都没有消失（事实上还显现出更多新的层面），但毕加索用的却是另一种让人难以读懂的语言。也就是说，让他同时代的那些人去理解是困难的。即使到了今天，毕加索的语言对于那些想把它翻译成另一种语言，想用文字来表达它的人来说，还是困难的。

戈梅士用一段艺评家和哲人之间的对话来比喻这种情形——

> 艺评家：凭良心说这些画并不使我反感，但是既然我不了解它们，我就没有办法喜欢它们。
> 哲人：你今天午饭吃了什么？
> 艺评家：牡蛎。
> 哲人：你喜欢牡蛎吗？
> 艺评家：极喜欢。
> 哲人：你了解牡蛎吗？

一个比较开放、较少桎梏的心灵，是不需要绕这个大弯子就能直接抓到要点的。毕加索为渥拉德作的立体派画像是那位画商的朋友们取笑的一大对象——"它所象征的是什么呢？哪一边是上面呀？"但有个小孩子，话还说得不太清楚，一看到那幅画就说："那是渥鸦（拉）德先生。"

1909年的初夏，毕加索和斐南蒂南下到巴塞罗那，在那儿与家人共度了一些时日，并且再次见到他的所有朋友，尤其是派亚瑞斯。派亚瑞斯马上写信给叔叔，请他替毕加索和斐南

※ 毕加索作品——《卡恩维勒肖像》

※ 毕加索作品——《萨比诺的女人》

蒂安排在欧塔的假期。毕加索为派亚瑞斯画了一幅精彩的肖像，派亚瑞斯则送给毕加索一幅欧塔的圣塔巴巴拉山风景作为回报。

不久之后，毕加索就到了圣塔巴巴拉山，并且把那儿的风景收录到他的立体派画作中。这些作品显现了他一向想要达到的目标。他现在已经完全解决了他的疑问。黑人期的试探，前一年的"塞尚式"立体主义，甚至不久之前才替派亚瑞斯作的肖像，都被抛到一边去了。他终于看清了自己的发展路线，这条路线由《阿比南少女》一直走到完整的分析立体主义。受到这个激励，加上他周遭环绕着的乡野、热度，他所喜爱的气味以及置身在老朋友之中的快乐，使他用比平日更旺盛的精力工作着。

毕加索先从风景开始：圣塔巴巴拉的锥形山峰、小镇的四方景物，还有一个大储水池。用色大多是淡赭、银灰和加塔洛尼亚式的茶色。而那本身已经相当立体的小镇，只需要略作简化就可与毕加索的观念完全吻合。但在他更狂放的视野中，那些看似整块的岩石都被分析、解离成几何形的许多平面，大都是棱形的，并且被重新组合，这些倾斜的平面有时互有重叠，有时有明显的界线。在某些情况下，这种几何的处理延伸到了天空，那闪着微光的晶状小面整合成了一幅严格的画面，其深度与传统的透视画法完全没有关联。

在头像方面，这种分析更是显著。一幅斐南蒂的画像中，她的脸孔被打成许多弯曲的平面，而她的额头以及背景中的盆花则呈严格的角面。另外一幅画中则是由直线条构成的，而在后来回到巴黎后立即着手铸造的一座铜像上，两者互相

罕有的天才——毕加索

结合成为毕加索所作过的最杰出的雕像，也就是说，二次元的平面和三次元的形体间的结合，在此达到了当时的极限。

1909年渥拉德为毕加索举行了一次画展。出乎所有批评家所料，立体主义有了更多的观众。毕加索身为当代最重要画家之一的声名已远播到了巴黎和巴塞罗那以外的地方，越来越多的外国崇拜者拥到他的画室拜访，慕尼黑的山好瑟画廊也举行了一次他的作品展。

外国访客也常到史丹夫妇家去结识他，因为那是他常去的少数几个地方之一。秋天，他一回到巴黎，赫特露德就热切地买了他在欧塔的三幅画作，挂在锦簇路数量惊人的收藏品当中。毕加索到史丹家并不是为了利益的动机，相反，他去那儿是因为他喜欢他们，尤其是赫特露德。毕加索的画作要么就是以极少量的代价卖给她，要么就是纯粹出于喜爱而赠送给她，像她的一些美丽的肖像就是。但是，赫特露德有时并不明白他在画些什么。毕加索对此曾笑着说："赫特露德·史丹有一天高兴地向我宣称她终于明白了我那幅《三个乐师》到底是什么。它是一幅静物！"

马蒂斯和毕加索常在史丹家见面。他们近来发生了一些摩擦，但彼此仍相当敬重，毕加索有时会对马蒂斯发出一些冷酷的嘲弄，但绝不允许别的人批评他。克里斯帝·哲佛斯有这样的一段记述：

一天下午，我们有一群人聚在一起，其中有马蒂斯和毕加索。马蒂斯离开了一会儿，有些人问起他近来的进展如何，毕加索说马蒂斯想必一屁股坐到了自己的桂冠上了。在场的大多数人认为自己可以讨好毕加索，就开始攻击马蒂斯。然而毕加索变得非常愤怒，并且大叫："我不准你们说马蒂斯的坏话，他是我们最伟大的画家。"

1909年，毕加索离开了"洗衣

※ 毕加索作品——《三个乐师》

※ 毕加索作品——《奥尔塔·德埃布罗的工厂》

"船"的小房间，搬到了附近的克里奇大道的寓所。新的住所里面有一间画室、一间真正的卧室、一个饭厅，甚至还有一间佣人房，后来还真的雇了一个女佣。毕加索把"洗衣船"的所有画作及一些家当，包括三只猫、庞大得像件家具的母狗"飞卡"以及一只小猩猩，全数运往新居。

新居中女佣的工作想必很轻松。毕加索和斐南蒂早上要睡到十一二点，不久女佣也照着这样做了。那间画室从来都不清扫，而烹饪也简单得可怜。毕加索正忙着把立体主义往前推得更远，精神的压力影响到他的消化。他除了蔬菜、鱼、米制布丁和葡萄外，什么也不能吃，甚至连酒也戒了。斐南蒂根本没有去注意他内在的紧张，就像她从来不知道他画过《阿比南少女》一样。

毕加索吃得很少，只喝矿泉水，但对搜集东西的新兴趣却没有消减。刚开始时他只买一些有用的东西，比如一张大铜床，但现在纯为乐趣而买的东西大量涌入了住所：好多张被蛾子咬过的绣帷；一大张铺设有紫色天鹅绒、上面散布着鲜黄纽扣的19世纪沙发；一架没人会弹奏的踏板风琴，踏下去的时候会有一股香味跑出来；吉他、曼陀林、箱子、柜子和数不清的非洲雕刻。这些东西很快就进入他的画室，形成过度的拥挤和贫民窟似的景象——这是让他最感悦目的景象。

最常到这间画室来找毕加索的是布劳格，他们的气质全无相似之处，但一同工作起来却无比和谐。在他们的手里，立体主义变得越来越"分析"了，但它却绝未抛弃自然，原先的物体总是存在的，只不过有时它的几个面可以同时看到而已，它们以画家所知道的方式存在着，具有一种超乎乍看之下印象的真实性。

1910年的夏天，毕加索再度和斐南蒂到西班牙去旅行。这一次他们是到卡达奎斯，一个卡达浪的渔村。那是一个美丽的小地方，彼克特的家就在那儿。毕加索、斐南蒂、庞大的"飞卡"，还有彼克特的妹妹玛丽亚和她的一些朋友结

罕有的天才——毕加索

伴一同旅行,后来狄伦夫妇也加入到他们中间。他们并不住在彼克特家,但常常会去待上一阵子,那里舒适、拥挤,座上都是画家、诗人和音乐家。毕加索在卡达奎斯用心地作画,不过也花了不少时间享受阳光、海水浴、划船和垂钓的乐趣。

秋天的时候毕加索就赶回巴黎,为的是观看秋季沙龙的展览——他喜欢人群、无数的朋友和相识、闲言闲语和偶发的新灵感。布劳格也由艾斯塔克的假期返回巴黎,他带回的画作与毕加索从卡达奎斯带回的作品大致是走同一路线的。

1911年内许多画家都成了立体派,独立沙龙在夏天特别展出了一整屋子的立体派作品,使得批评家们十分愤怒。而在1911年到1921年这一段时期,毕加索和布劳格的画作和雕刻朝向更高的立体主义前进。暗褐色和淡赭色是他们最常用的,他们还在人体和乐器的题材之外,加上了一些微不足道的小东西,像烟斗、酒杯、罐子、瓶

※ 毕加索作品——《葡萄与小提琴》

子等等。另外在1908年一直到1922年之间，他们的画作要不然就不签名，要不然就签在黑色上面，部分是为了避免干扰到画面上紧张的韵律，部分则为了不想个人化。他们的艺术主要是处理一些形状，像毕加索所说的，那些形状本身存在且具有韵律，而不是与外在相联属的形状，其所造成的一种语言，不得其门的人是没办法理解的。因而当1911年阿佛莱·史提克里兹首次把毕加索的作品介绍给美国人时，一幅裸体人像，因其高度分析的缘故，被观众认作是一座防火梯。

1911年的夏季，毕加索是在塞瑞特度过的。马诺洛现在已是一位成名的雕刻家，从1908年开始就和妻子隐居在此处。他从来都没有稀罕过立体主义，不过这一点也不影响毕加索对他的友情。5月中旬的时候毕加索就动身前往了，不过这次斐南蒂没有跟着一起去，她要随后赶到。毕加索与布劳格和其他一些巴黎及巴塞罗那的朋友们一同出发了。

塞瑞特在政治上属于法国，在此之前属于西班牙，但骨子里却一直是地地道道的卡达浪，毕加索和马诺洛在此都觉得自在无比。他们周围都是熟悉的语言。斗牛场是当地的特色，假日里人们都跳着"沙达那"——毕加索唯一喜欢的一种舞蹈。

在这个多姿多彩的夏天里，毕加索最为人们熟知的一幅作品就是反映着这种舞蹈，被人称作《吹笛者》的画作。另一幅有名的作品是《手风琴师》，一张充满了亮丽小平面的大幅油画。这是毕加索所作的最后一幅分析作品，画着一个男人坐在椅子上，他的手风琴向下拉开成许多个角。那时候的毕加索和布劳格都觉得他们立体主义的封闭特性，对其他一般人来说，会削弱了原物体和画出来的图画之间的重要张力，为了达到最大的张力效果，一些起码透露起始点的暗示是必要的。因此他们开始在画中散布一些"写实的"线索，像毕加索在一些瓶子的画作上出现的大印刷字母就是一些线索。

到了1911年的8月，斐南蒂尚未离开巴黎，毕加索写信去催，她终于出现了，并带来最近艺术界的消息：秋季沙龙正为立体派画家腾出一个房间，许多人的作品都将在那里展出。斐南蒂只不过在炎热的气候下喘息了几天，就又打好行李搭上火车，他们在9月初回到了巴黎。

显然，立体主义的时代已经来临了。

《葛尔尼卡》

1936年初,毕加索离开巴黎,前往璜列平斯,而朋友萨巴提斯则亲自到车站为其送行。

到了璜列平斯之后的日子,毕加索放弃了绘画、雕塑、木刻,把全部的时间都用来唱歌,而且萨巴提斯送给他清洗画笔的布他很喜欢。这些信有一种故作诙谐的语气,好像毕加索收起了他的自信,退缩到完全的隐私里去了,萨巴提斯发现很难猜透他朋友的心里在想些什么。

当毕加索在1936年5月中回到巴黎,萨巴提斯终于说服他把这些画作拿出来看之后,他取出一些素描,有的上面着了颜色。一个人身牛头怪,看起来很高兴,拉着一辆小手推车,上面载着一匹垂死的雌马和它新生的小马,捆绑得很仔细,一个灯笼挂在它的前腿上。另外一幅中的人身牛头怪巨大狰

以艺术为武器

◇ 图 说 名 人 ◇

※ 毕加索作品——《拉着手推车的人身牛头怪》

名人名言

无论我在失意还是高兴的时候,我总按照自己的爱好来安排一切。一位画家爱好金发女郎,由于他们和一盘水果不相协调,硬不把她们画进他的图画,那该多别扭啊!我只把我所爱的东西画进我的图画。

——毕加索

※ 毕加索作品——《坐在扶手椅中的女人》

狞，正把一匹憔悴的白马从一个黑洞穴背到一个有光的洞窟，这个洞中有一个头上戴着花的金发少女。另外还有一幅牛人半羊的牧羊神静静地坐在一张桌上。萨巴提斯的语言、象征方法等等观念都与毕加索很近似，看了这些远比他所收到的信更容易懂的画之后，他明白大海的水也洗不净他朋友灵魂的苦痛。

然而日子渐渐好起来了，这时的作品给毕加索很大的快慰。毕加索和许多朋友经常会面。一天晚上他和萨巴提斯到了那儿，看到一位年轻女士脱下她优雅的刺绣手套，把她的一只手平放在桌上，手指张开，然后用一把尖刀刺两指之间的桌面，她的准头并不很好，因而每一次失误都会有血流出。

在"杜克·马果"里面，特立独行的人物并不罕见，但像这样明显的美丽和智慧的组合实在不多。毕加索十分着迷，于是就用西班牙语把这感觉告诉萨巴提斯。那位年轻女士蓦然抬起头来——她在阿根廷住过，懂得那种语言。她是朵拉·玛儿，毕加索的一些朋友都认识她，可是他们从前居然没见过面。

朵拉·玛儿是毕加索所遇见过的女人中最聪明的一个，她是一位南斯拉夫建筑师和法国女人结婚所生的女儿，当时全家正定居于巴黎，1936年时她是一个职业摄影师。从任何标准，尤其是毕加索自己的标准来看，她都是一个出奇好看的女人，黑头发、淡蓝绿的眼睛、椭圆的脸蛋、上颧骨相当高，有着高贵、出众的仪态和一双极美丽的手。她的美丽由于她所拥有的智慧而更加光华四射。

朵拉·玛儿当时与双亲住在家里，她和毕加索并不常见面。直到盛夏来临的7月，正当巴黎人全都拥向南方避暑的时候，却从西班牙传来惊人的消息——内战爆发了。

住在巴黎的西班牙人反应非常激

罕有的天才——毕加索

烈,一夕之间,连那些在巴黎住得久到连思想都用法文的人们,也再度成了情绪激昂的西班牙人;而他们之中几乎没有人认为有任何妥协的余地。毕加索的朋友中从天主教保皇党一直到无神无政府主义者都有,每一个人都认为自己的立场正确,事情黑白分明,很少有人持着无所谓的态度。虽然毕加索一度好像表现得与政治无所牵连,但是当事情重大得必须把他自己的祖国列入考虑时,他的决定是响亮的、坚定的,而绝不暧昧的。他宣布拥护共和政府。

他的支持具有极大的意义,因而西班牙政府任命他为普拉多博物馆的指导。但这时候半个西班牙已经落在佛朗哥的手中,他的军队离马德里只有二十英里,并且在8月轰炸了这个城市。普拉多的半数珍藏都迁到了瓦伦西亚。毕加索能否去执行他的职务很有疑问,但他还是做了他所能做的一切,用他的武器也就是他的绘画、他的名声来谴责法西斯主义。整个世界都在他后面支持他对法西斯主义者所做的坚决的谴责。

不过,1936年,他似乎没有什么用武之地,普拉多的作品目前比较安全了,加塔洛尼亚尚未被波及,巴塞罗那的叛变已被镇压。他也到南方去度假,地点是莫金斯,有一些朋友也在那儿,另外还有更多的朋友分布在沿海的不同地区,朵拉·玛儿是其中之一,她和朋友在圣卓皮兹度假。

他把她带回到莫金斯,住在"大地平线"——一家可爱的小旅馆,里面有许多非常漂亮的女侍。秋天的时候他们北上,还带了其中的两个女孩,到波提街替毕加索烧饭与照顾家务。

毕加索在波提街有一处画室,而这处画室原本是一幢有大花园和

※ 毕加索作品——《朵拉·玛儿肖像》

谷仓的老宅,后来被毕加索的朋友渥拉德买下,改造成画室后于1936年供毕加索使用。

1937年里一切似乎都很好,在朵拉·玛儿以及西班牙战争的刺激之下,毕加索又恢复了他正常的作画产量。

但是西班牙方面的战局发展很不好,虽然对马德里的直接攻击已被街道上和大学里惨烈的肉搏战所击退,但各强国的不干预政策越来越像是一场丑恶的闹剧。法国和英国可能是出于糊里糊涂的好意,但却在文字的迷阵里搅得晕头转向,而在同时,希特勒和墨索里尼竟不断地把兵力投入到法西斯主义的一边。到了现在这个地步,佛朗哥的军队中已经混入了大约一万名的德国士兵和四倍多的意大利军人。这些都是严格训练的正规军人,而且在德国军队里更有不少空军指挥官及飞行员,急着要在活靶上增进自己的技巧,并试验他们的新武器及新战术,以便为即将来临的更大战争做准备。

毕加索情绪激动地写了一首诗——《佛朗哥的梦与谎言》,是一首超写实主义的诗,并且加上蚀刻的插图。这整套的东西显现出一种隐藏的紊乱、无理和战争无意义的残酷,以及毕加索不止对战争,还有对右派价值的极端排斥与憎恶。

当时,毕加索的出生地马拉加正经历着有史以来最恐怖的一场梦魇。在战争的初期,马拉加及其附近的地带是佛朗哥地盘内的一块共和政体属地,与其他共和国土地之间只靠临海的公路相交通。1937年的1月中旬,攻击开始了,到了2月初,法西斯主义者,包括九个营的意大利军队以及武装的车辆和坦克,开进了这饱受炮击、轰炸的残破城市。最野蛮的蹂躏立即展开,死亡一直延伸到阿美利亚公路上,因为装甲部队和飞机在那儿赶上了难以计数的难民潮。

消息传到巴黎的同时,毕加索正在画一幅最冷静的"骨骼"新作,一个女人坐在海滩上,正从她的脚上拔出一根海胆的刺。愤怒隐

※ 毕加索作品——《曼陀铃和吉他》

※ 毕加索作品——《海滩上的女人和孩子》

罕有的天才——毕加索

藏在毕加索心中，并在消息传来之后不断地高涨着，可是一时却找不到宣泄的路径。等到过了数周，另一个大悲剧发生之际，毕加索的愤怒才全部爆发出来。

1937年3月或者4月里，毕加索搬到了格朗奥古斯丁街去，那里的画室十分大，毕加索想要多少空间都有。就是在这里，1937年的5月，他画了他最重要的作品之一，这可能是他一生中最伟大的一幅画。

1937年4月26日，佛朗哥指挥下的德国飞机袭击了不设防的葛尔尼卡市，一波又一波的轰炸机投下了燃烧弹和高爆炸弹，并用机枪扫射街道，从下午4点30分一直持续到傍晚。全城的7000居民中，被他们杀死的就有1654名，受伤的有889名，整个城市完全被毁坏了。

这与第二次世界大战后期，长崎和广岛一夕之间为数几十万的死伤率相比可能不算什么，但在1937年，它却震惊了整个世界，这是一次对人民残酷而有计划的毁灭，是野蛮行为的极致，而且是黑暗对光明的胜利。独立通讯员和摄影记者都在现场，虽然法西斯主义者宣称是葛尔尼卡的居民自己用炸药把城市炸毁的，却没有人动摇过对真正发生的事情的认定；消息很快传出，确实而可信赖，并在1937年4月28日传到了巴黎。

这次毕加索马上有了反应，并且整个投入到这种反应中，而他反应的方式当然是绘画。5月1日，他画了五张草图，三张上面各有一个单独的形体，另外两张则是他当时所思所想的组合。从那时开始到6月中旬，他发狂地工作着，并腾出一些时间来写一篇仔细考虑过的声明，这篇文章的开始是这样写的：

> 西班牙的战乱是反动势力对抗人民、对抗自由的争斗。身为艺术家，我的一生只不过是一场抗拒反动势力、抗拒艺术的死亡争战。我如何能想象，即使只是片刻，我会同意反动势力和邪恶？……在我现在正在从事，而且将被命名为《葛尔尼卡》的这幅画里，我明白地表现出我对那些把西班牙投入磨难与死亡之海的军事阶级的憎恶。

在他沸腾的愤怒与痛苦之中，他的工作却是小心翼翼的。《葛尔尼卡》并不是在一天的激情之中一挥而就的，它是数星期持续紧张的结果，像他其他的伟大作品一样，在开始动笔之前先有大量的研究，务必要把他的情感、原先观念中的全部力量，集中到一点。这将是他对邪恶的控诉。而如果他要成功的话，他必须完美无瑕地运用他的艺术武器。

这是一幅巨大的画作，近7米长，4米高。但是使人震撼的不是它的尺寸，而是它本身表现出的含有大量感情的世界。人们不会注意到它缺乏色彩，因为黑色、灰色与白色本来就很适合这个死寂的世界，死寂而又充满了哀号——一种属于极度的哀伤，属于灾难，属于炸弹爆发之后片刻的令人窒息的死寂。

在画面中央的上方，一个电灯泡从像一只眼睛的阴影中向外发着光芒，它的下方蹒跚地站着一只瘦高的马，它尖叫着，一只长矛的残柄穿过它的背部，尖端从侧面穿出。马蹄下有一个男人的尸体，

※ 毕加索作品——《海边奔跑的女子》

罕有的天才——毕加索

※ 毕加索作品——《葛尔尼卡》

像塑像一样地碎成片片,有着清晰的裂痕,一只手臂伸向画面的左端,另一只手紧抓着一把破碎的剑,这把剑碰到了一朵正在生长的小花。在马的右上方,一个女人的头惊恐地由一扇窗内伸出,她的长手臂提着一盏油灯,几乎碰触到那马的头部,照亮了一个边缘很清楚的区域,包括了那匹马的胸部,还有另一个女人的上半身——她半裸着,痛苦地向中央移动,拽在身后的腿伸展到了画面的右边下缘。在那匹马左边的黑暗之中,一只巨大野牛的头部、肩膀,还有一只腿,危险地出现在这光亮地带,同时在牛下方的左边一个蹲踞的女人哀号着,两手之间夹拖着一个垂死的婴儿。她的呼喊受到极右方另一个女人的呼应,那个女人陷在燃烧的瓦砾中,她白色的手臂向上伸展,她白色的头部在同样酷烈的痛苦中向后仰举。那匹野牛威吓性的头部后方,隐隐约约地有一只鸟——鸽子或鸡或鹅,总之是一只家禽在黑暗中向上方哀鸣。

所有的人都同意这幅画基本上是对战争的罪行、残酷、仇恨,对无辜者屠杀等等事情的谴责,但再作进一步地分析,意见上就有了分歧。许多人把《葛尔尼卡》看作是单纯地对西班牙法西斯主义者的控诉,但也有些人诽谤它仅仅是一种宣传。这当然是错误的看法,毕加索的确谴责佛朗哥,但在《葛尔尼卡》中他把他的抗议提升到了更高的层面,使它成为对所有战争、对所有压迫的一种激情呼喊。

如果我们相信毕加索自己的解释,把野牛当作是野蛮与不人

※ 毕加索作品——《被刺穿的牛首人身怪物》

道，而把马当成人民，那么《葛尔尼卡》的讽喻就涵盖了极广泛的范围。这罪行不再限定于法西斯主义者在西班牙战争中所做的单一事件，而是所有武力的残暴邪恶的愚行，那么这幅画就是对它们所造成的骇世磨难的巨大抗议。这画也可以不被看作道德上的谏诤，而视为一个绝望的断言，也就是说不会有胜利，双方都注定要失败，最后将只剩下一片荒芜的战场，充满仇恨，完全没有规范、艺术与人性。毕加索在画《葛尔尼卡》的时候做了一些剪贴的试验，他用纸剪了一滴带血的泪，在图上各个角色的脸上移来移去，从一个换到另一个，而在那头野牛的脸上逗留得最久，好像它也应该与其余那些角色受到一样的怜悯。最后他放弃了那滴泪，但还是对诗人荷塞·波加明说："我们可以把它收在箱子里，至少每个礼拜五把它拿出来一次，贴在野牛的脸上。"

也许艺术跟政治和道德都没有关系，但它却绝对和真实与虚假之间的分辨有关。在某种层次上，美学的真实与虚假，光明与黑暗的关系是相联属的；当这两者并列在他面前的时候，毕加索会站在哪一边是毋庸置疑的。

罕有的天才——毕加索

战乱时代

当毕加索在1937年夏末到南方旅行时,并没有把《葛尔尼卡》抛在脑后。这个主题留了下来,放在了他脑海中,而在此后数个月中,他画了或刻了许多的补遗,每一件都直接跟主画有关或具有相同的精神。他在画《阿比南少女》之后也做过同样的事情,在1907年时他所考虑的仅止于美学上的问题,但在三十年后,却是整个的体制,在其中绘画或任何其他精神活动有无意义都成了疑问。西班牙战争显然是一个更可怕战乱的前奏,就像米契尔·莱利士所说的:"两个黑白的长方形里……毕加索送来了我们的哀悼信——我们所爱的一切都即将死亡。"

这一年夏天的目的地仍然是莫金斯,

※ 毕加索自画像

这是一次很愉快的假期，不但阳光明媚，而且有朵拉·玛儿陪伴着。沿着海岸更可以遇见许多朋友，马蒂斯是其中之一，毕加索常去看他。不过到了1937年的秋天以后，紧张和焦虑就开始充满了毕加索的作品。西班牙整个北部都失陷了，虽然马德里仍未失守，但是全国的三分之二，包括巴斯克的工业城市和阿斯杜力安的煤矿，都落入了佛朗哥的手中。

1938年夏天，毕加索仍旧是在莫金斯度过的。同样的海洋，同样的阳光，同样的友伴，不过太阳蒙上了阴影。9月的时候德国和捷克斯洛伐克之间的争执忽然升级为一个可怕的危机，经过西方政客几天激烈却没有结果的谈判之后，所有的人都知道一场大战在所难免并且迫在眉睫了。整个欧洲都武装起来了，法国开始动员大量的军队，男人都从海滩上消失了，绵延无尽的军队开始各就各位。毕加索十分心慌，当消息变得更坏时他收拾了一切东西，连夜赶回了特伦布雷的幽居。就在这个月的最后一天，违背了所有爱好和平的人们的愿望，慕尼黑协定签署了，它背叛了一千万的捷克人以及斯洛伐克人，奉送了纳粹德国又一处的高效率军备工业，并且使战争不可避免。张伯伦飞回英国宣传说他为他们带回了"光荣的和平"。

1938年末，西班牙内战的漫长苦痛已接近尾声。在荒凉的马斯特拉斯哥野外的惨烈战事之后，共和国军队丧失了七万人，开始节节败退。通往加塔洛尼亚的公路已经完全敞开，在1938年的圣诞节时，佛朗哥军队的主要攻势开始了。共和国军队寡不敌众，弹尽援绝，几乎完全没有装甲车与飞机，以越来越快的速度被赶往北方，撤退变成了溃逃。1939年1月26日，巴塞罗那失陷了。普拉多的珍藏一卡车一卡车地运入巴黎境内，数天之后，佛朗哥的军队就抵达了边界，把五十万难民和败兵驱入中立区，这些人就被拘留在那里的露天难民营中。在战争结束的同时，毕加索的母亲死了，当时她仍然留在巴塞罗那，享年八十三岁。

从战争一开始的时候，毕加索就一直用他的绘画、他的公开声明，还有他的钱来支持共和政府。1939年早期的一份政府刊物说他一共捐出了三十万法郎，另外有一位官员说是四十万。毕加索是一个十分节俭的人，这样一笔钱至少相当于他两年的生活费用。但这些法郎还只是捐给公家机构的数目。1938年12月，他曾设立两个儿童供食中心（共和国的食物短缺得厉害），一

罕有的天才——毕加索

个在巴塞罗那,另一个在马德里,开办的费用是二十万法郎。虽然在过去二十年来他颇有入账,虽然他的画只要他舍得卖,销路都很好,但他的收入比起当前的支出却是微不足道的。他另外还得负担奥佳的优厚赡养费,并且养活他的子女和一些下人。他发现钱不多了,因而被迫卖掉一些自己想保留的画作。

接着,当难民拥入法国之后也有很多人来向他求助,从来就没有一个空手而返的。有个典型的例子:1939年2月,一群卡达浪作家从他们的拘留营逃出来,到了波庇南。他们在那儿找到一家肯让他们赊几天账的餐馆,然后一群人便睡在车站的候车室里。几天过后,餐馆老板拿出了账单,但是共和国的钱已成了废纸,而他们身上没有任何其他的钱,他们真不知道该怎么办。其中没有人认识毕加索,但有一位曾经写过一篇关于他的文章,因此餐馆老板发了一封求助的电报,但他不抱什么希望,因为彼此根本就不相识,而且也没有身份的证明。第二天,援助电报送来了,足够付清账单,不仅能为所有的六个人买鞋子和衣服,并把他们全送到了托洛斯,而且还能剩下一些钱。

另外一个例子是有关雕刻家雷布尔的。毕加索买了他的两件作品,并且在自己的住所为他举行了一次展览。此外还有许许多多的这类事件,不胜枚举。

1939年7月初,毕加索和朵拉·玛儿出发到安提比斯去,萨巴提斯在几星期后也前去与他们会合。一切安顿下来,看来毕加索可以马上开始工作了,但在这个月结

※ 毕加索作品——《女孩和玩具船》

※ 毕加索作品——《床上的妇人》

束以前的一天清晨,毕加索匆匆跑去敲萨巴提斯的房门,因为渥拉德突然死了。毕加索虽然对有关死亡的事又恨又怕,但还是连夜赶回巴黎,参加了他朋友的葬礼。在波提街逗留数天之后,他又和萨巴提斯一起赶往安提比斯。

回到安提比斯之后,毕加索还是没有办法马上开始工作,首先他和萨巴提斯游览当地,再后来就是他的两个外甥找到了他,他们是他妹妹罗拉的儿子,在加塔洛尼亚沦陷的时候逃到法国,并且躲过了拘留。他们带给他很多的快乐、家庭的温暖,还有巴塞罗那的消息。他们家在整个月的轰炸中并没有被毁,而他们的父母都安好。

终于,毕加索觉得自己再这样无休止地闲散下去实在不是办法,他到尼斯去买了一整卷画布,由他和萨巴提斯一起把这些布钉在画室的四壁上。一切准备妥当了,他现在可以画任何脑袋里涌现的东西而不必考虑尺寸的问题。

他立刻活力十足地开始工作。最初的想法是画一些他想画的东西,然后把它们切下来分别装裱,不过这主意后来被抛到九霄云外

罕有的天才——毕加索

了,因为现在的这一主题重要到必须占尽全部的可用空间。灵感来自一个炎热的晚上:他和朵拉·玛儿以及另一位年轻女子,于晚饭后在安提比斯闲逛。他们走到码头,一面吃冰淇淋,一面看着黑黝黝的水面上乘小船的渔人点着电石灯诱捕水中的鱼儿。

这就是他在此后平静的数星期中从事的作品《渔人》——后面是漆黑的城镇,两个站在码头上的女孩,每人牵一辆单车,手上一支冰淇淋甜筒,月亮,还有那照耀着渔人和游鱼的电石灯火。不过文字上的描述跟毕加索所用的语言当然是两回事,例如正舔着冰淇淋的那个女孩,舌头是蓝色的,而且像针一样尖,月亮也带着绿色斑点、橘色螺旋纹,在方形的光晕中闪耀着。这幅画足足有75平方英尺大。

在日益紧张的局势下,在德国和意大利尖锐好战的叫嚣声中,他为自己安排了一个有规律的夏日,到南方避暑去了。没想到,这时传来了惊人的消息——纳粹德国占领了法国。

毕加索一向害怕不可预知的未来以及那种周遭环绕着的威胁气

※ 毕加索作品——《在昂蒂布的夜渔》

※毕加索作品——《红色扶手椅中的女子》

氛,但是当这种威胁成了眼前的真实状况时,他却出奇地无动于衷。当时的实际状况是法国已经被占领了,秘密警察到处搜寻犹太人,而他也被怀疑有部分犹太血统——他的作品在所有纳粹占领区内都被查禁。他曾公开而且坚定地表示反对法西斯主义,使希特勒的朋友佛朗哥十分痛恨他。他认识而且喜欢许多共产党员,而且他自己也被认为是其中的一员。当时的情况空茫而又灰暗,法国已在纳粹铁蹄的占领下,成立了傀儡政府,这个国家的政权让他既憎又怕,他最好的选择是逃往美国或墨西哥,或者像马蒂斯一样到巴西去,当然,到未被占领的南部地区也行。

不过,这只是短暂的一阵子而已,很快地,一种奇怪的欢乐感觉又回到了毕加索身边。1939年8月15日,他画了一张迷人的、色彩鲜艳的《罗扬酒馆》,有着阳光下亮丽的遮阳棚,前方是海洋和灯塔,愉悦和蓝色填满整个画面。然后他开始收拾行李,在8月24日动身回到巴黎。

远处的马蒂斯也有类似的反应:他正在边境上,口袋里放着护照,热那亚的轮船正等着把他载到里约热内卢。但是,情形就像他写信告诉他儿子的一样:"当我看到人群队伍永无止境地离去,我连一点要走的欲望都没有了……我忽然觉得自己像是一个逃兵。如果所有稍具价值的事物都跑掉了的话,法国还会剩下什么呢?"

法国对马蒂斯和毕加索来说代表着不同的意义:虽然毕加索终其一生都是彻头彻尾的西班牙人,但法国,特别是巴黎对他来说仍然意味着光明、自由与活生生的艺术,唯有这一永恒的境域,超乎一切国家或地理的分界,才是他爱国之心归依之处。

罕有的天才——毕加索

艰辛岁月

　　冬天到来时,巴黎成了一个寒冷而饥饿的城市。虽然德国人奉令要"行为正当",且他们之中许多人有一阵子表现得相当文明,但是礼貌却掩饰不了他们的贪婪。从占领一开始,燃料、食物以及值钱的东西就源源不绝地往北流入德意志。冬天里,一个新成立的抵抗组织开始活动,因而使德国人的态度更加蛮横起来。

　　抵抗活动的形式不可胜数,有高度专精的斗智和武装攻击,包括精神上的反抗——反对当局的种种文章、刊物、绘画。德国占领当局和维希政权把蓄意破坏机器、补给,武装活动,帮助、安慰、隐藏犹太人和反抗分子及嫌疑犯,或从事黑市交易,都视为敌对

※毕加索作品欣赏

※ 毕加索作品——《两个裸女》

行动,加以镇压。

　　毕加索没有尝试武装反抗,也不曾与任何情报网有直接接触,不过他用了许多其他相当危险的方式,而且大部分活跃的反抗首领们都认为他绝对可靠。黑市交易在此时被视作一种爱国义务,毕加索全力支持他们。他马上找到一家黑市餐馆,而且为自己的雕刻找到一处违法的青铜来源;不过在巴黎还没有人神通广大到能弄到黑市的电或者瓦斯。全巴黎的人都感觉寒冷,不过由于很少人住在像毕加索住的那种17世纪谷仓一样的大房屋里,因而也没有什么人比他更冷。

　　毕加索是一个西班牙人,他能忍受几乎任何程度的不适与寒冷,但却极需要友谊的照耀和关怀。他的朋友们现在分散到四方,有的去了美国,有的回到西班牙。狄伦和佛拉明克留了下来,但他们还不如没留下来的好:他们拍德国人的马屁,享受特权,还到德国去访问。后来,当战争变得更黑暗、更残酷,而且更悲哀的时候,毕加索跟他的许多犹太朋友一样,闭门不出,在家中作自己的画。因此1942年以后,酒馆里就很少看到毕加索的影子了。

　　他的寂寞因为朵拉·玛儿和萨巴提斯的陪伴而减轻不少,此外还有住在圣路易斯岛小寓所的玛丽·塞瑞丝和玛雅,他至少在每星期四——玛雅从学校放假回来的那一天去探望她们一次,星期天的时候也常常会去。

　　1941年到1942年之间,他重新拾起了雕刻,这与其说是因为内在的需求,还不如说是因为冬天的酷寒。在他那间大画室里,毕加索的那双手因为太僵冷而无法拿起画笔。浴室是唯一能获得一点温暖的地方,润湿黏土的水唾手可得,在这窄小但起码有点温度的空间里,

罕有的天才——毕加索

他坚强地工作着。

1941年末,日本偷袭珍珠港,美国的宣战似乎使欧洲战局出现了新希望,然而1942年开始时情况却很糟,德国军队深入了苏联腹地,而日本在东南亚地区势如破竹。

1942年整年内——事实上是在整个战争中,毕加索的大部分画作显示着一种严肃、暗哑的色调,而且主题常围绕着食物在打转——用一条大鱼做成的帽子,上面有刀子和叉子、鸡蛋、水果以及一只鸽子的静物画。一个明显的例外是一幅吉他和斗牛士佩剑的静物,这是在4月画的,画的用色,尤其是剑柄上的鲜红色非常明亮,但是那强烈的蓝色、绿色和紫色把愉快的感觉都吸光了。虽然用了朱红和黄色,这幅画也并不快乐。

那一年的夏天,德国人和法国警方开始了他们在巴黎的大扫荡,在1942年的7月和8月间搜捕了成千上万的人。并且大流徙也开始了,整火车的反抗分子、共产党员、犹太人、嫌疑犯被运往各大集中营,其中有不少是被人诬告的受害者。枪杀人质的行动很早就开始了,仅是8月和9月两个月间在巴黎郊外就杀了二百多人。

这是一段人心惶惶的时期,只要一通匿名电话或者一封黑信就可以在深夜里把秘密警察引到家门前。而这也是德国人最常光临毕加索住处的时候,他们来盘问他的犹太朋友是不是待在这儿(他们明明知道没有),还有他自己是不是犹太人,然后他们会搜查整个房屋。好在毕加索一向很小心地把所有文件准备齐全,以免被他们抓着把柄。也许因为顾忌他的盛名,秘密警察并未像对许多别的人那样对他勒索、压榨。

并不是所有来拜访的德国人都是来搜查的,有些是半官方的中间人,向他暗示种种特权,如煤炭和额外的口粮,另外一些人则自称是艺术爱好者,他们的奉承对毕加索不屈的冷峻毫不起作用,他们从他那儿什么也没得到,除了《葛尔尼卡》的明信片。他把这些放到

※ 毕加索作品——《和平鸽》

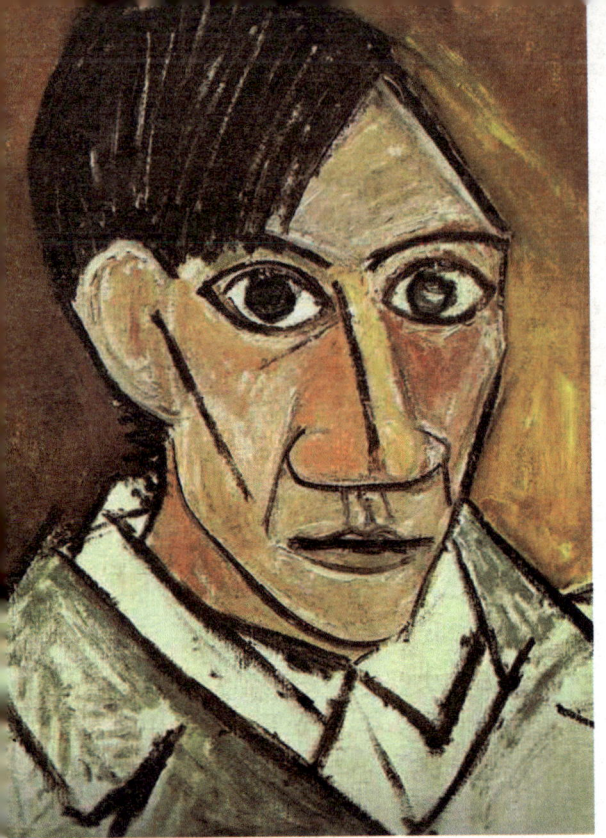

※ 毕加索自画像

他们手里，嘴里说："纪念品，纪念品。"

有一个故事是关于德国大使阿贝兹的。有一天，阿贝兹来拜访毕加索，为了想使自己显得讨人喜欢，他看着那幅伟大画作的复制品。

他说："原来这就是你画的，毕加索先生。"

"不！"毕加索回答，"是你画的。"

这个故事未必真实，不过在当时却流传得沸沸扬扬，显示了毕加索受敬重的程度。即使是最恶毒的诽谤口舌，也从来不曾指控他对德国人或维希政府有所屈服。

也就是在1942年这个阴郁的夏季，毕加索开始为他的一座铸像起草，这件作品就是《抱着羊的人》，他最初考虑过几种不同的形式，像木刻、石版或者绘画；然而当他进一步沉浸在这主题里，且草图的数量越来越多——一共有上百张时，他看出这件物品必须立在空间中，它必须得是一尊雕像。不过一直到年底以前，他都没有着手去找所需的大量黏土，跟所有其他物品一样，这种东西在战时是很难弄到的。

1943年是有希望的一年，但是对巴黎来说，这种希望十分渺茫而且纯属理论。当然，盟军在1942年末登陆北非，但两天之后德国人就侵入南区，占领了整个法国，而且随着反抗组织的活动，镇压行动也日益加强。食物甚至更为短缺，常常会停电，毕加索只好像年轻时那样靠着烛光来工作，而瓦斯的火焰也微弱不定，有时完全熄灭。一个多月以来，毕加索都在制作那座用来支撑黏土的金属骨架，他已经把整个大于真人的架构安排妥当，现在只剩下最后的细节了。他早就准备好黏土，不过他还是让那些金属棒站在那儿，等待他观念的完全成熟。

而后，在这寒冷、黑暗的1943年2月的一天，就在战争看来好像

罕有的天才——毕加索

永无休止的同时，他开始工作。他十分清楚自己要做的是什么。他不需要模特儿，所有细节，甚至连羊鼻子的弧形都好好地装在他的脑袋中。在不可思议的速度下，一座不像毕加索过去或未来任何作品的伟大塑像成形了：一个高而有力、瘦削、秃顶、有胡须的中年男人，他的一双腿又长又直，大脚牢牢地抓紧地面，抱着一只要刘毛的大绵羊向前行进。他那平衡自己体重时的姿态是如此完美的直接、完美的简洁。那只绵羊也是一样，它把头扭向那人的外侧，就跟真的绵羊在人的手臂中的动作一样。他的右手放在它的臀部下方，托着它；他的左手抓住它的脚，像欧塔的耕农；他的脸孔肃穆、坚定，似乎不知道自己看起来有多么高贵。

毕加索马上把这塑像做成石膏模型，可是只要有德国人在就不可能找到足够的铜来铸它，因此《抱着羊的人》就一直站在他的画室里，易碎而雪白，直到战争结束。当时有很多人去看过这尊塑像，虽然对于它直接的含义或隐藏的象征意义有许多不同的意见，但却一致同意这座塑像代表了一种对希望的声言，对基本尊严的信心，而在这两者都欠缺的时候，它赋予了那些看到它的人们以无限的勇气。

1943年，整个世界开始改变。德国人被赶出了北非，并在苏联做全面撤退，盟军已经深入意大利，而墨索里尼的军队正濒临瓦解。在法国，抵抗组织惊人地成长，不断骚扰德军，送出军政情报，并且利用各种可能的方法来保存国家的精神，当然包括秘密刊物。在巴黎，明显的心智活动也在恢复。

毕加索的内在世界此时正因为一次邂逅而更加欢欣。5月的一个晚

※ 毕加索作品——《女人与花》

※ 毕加索作品——《弹吉他的人》

上,他和朵拉·玛儿以及其他一些朋友在卡达浪餐馆吃饭,他注意到另外一张桌上坐着两位好看的年轻女孩,正和他认识的一个演员在一起。毕加索拿起一碗樱桃,走过去请求那个演员朋友为他介绍。两个女孩说她们是画画的,于是他邀请她们到他的画室来。后来她们果真去了,第一次两个人一起去,第二次只有其中一个女孩去,她就是弗兰柯丝·姬洛德,当时二十一岁,出身于富有的中产阶级家庭,正在主修文学和法律,同时还学绘画。6月的时候,他们的交情尚未进展到亲密的程度,她只是他生活中愉快的插曲。

1943年9月时,毕加索的精神活泼无比。整个城市都有一种充满希望的感觉——意大利投降了,苏联红军已经推进到了第聂伯河,盟军随时可能出现在法国,他们正投下大量的武器装备给抵抗组织,并且夜以继日地轰炸工厂、铁路、火车集结场、军事设施。

冬天到来时,毕加索旅行到圣本诺瑟罗去探望麦克斯·杰克卜。他从1936年起就住在那儿的修道院的左侧。毕加索发现他的朋友老了,而且十分悲伤。麦克斯·杰克卜的哥哥和妹妹因为是犹太人而被逮捕,他自己倒是不害怕,有信仰一直支持着他,给他一种不凡的内在力量。现在他的精神又振奋起来,把自己作的胶彩画拿给毕加索看,两人谈着从前共用一张床的往事以及其后所经过的无数日子。

麦克斯一向宣称自己有潜在的预知未来的能力,他为朋友看手相,用纸牌帮他们算命,还送他们幸运符。当然在某种程度上他是在寻他们开心——他从来不能抗拒一场大笑,

罕有的天才——毕加索

不管那要花去什么代价。但是现在,毕加索离去后不久,他在教堂的访客簿上故意写下自己的死亡年代:麦克斯·杰克卜,1944年。

1943年11月的巴黎,地下抵抗组织准备随时发出致命的一击,盟军即将登陆的消息满天飞舞;德国人正从所有的前线撤退下来,但是却像一头困兽一样紧紧地攫住法国不放,准备在被制服之前做出最大的破坏。流徙和处决的人数增加了,恐怖的列车不断向北边拥挤的集中营开去。

1944年2月24日,麦克斯·杰克卜被逮捕,送到了德伦西——一个送往更大集中营途中的第一站。消息一传到巴黎,柯克多就马上拟了一份陈情书,而所有其他的朋友也都运用他们的一切影响力来使他获释。

不过即使这一切能打动德国人的同情心,也已经太迟了。在寒冷、潮湿、污秽的小室中,麦克斯·杰克卜染上了肺炎,于1944年3月5日去世了。他当时六十七岁,是一个完全无害而温和的老人,一个跟所有同辈一样杰出的诗人。遗体按照犹太仪式下葬,他的朋友中有足够勇气或热心的都去参加了葬礼,毕加索就是其中之一。

生命在这种时候可说是朝不保夕,许多人决定在他们还有能力的时候尽情享乐。就在这一年,弗兰柯丝·姬洛德成了毕加索的情人。

1944年6月,盟军在法国的诺曼底登陆了。地下抵抗组织立刻攻击了德军的交通线,占领了一些据点,而向北撤退的德国人一路上更是毫不留情地烧杀。8月,盟军突进,集中营里面的屠杀也开始了。战事逼近巴黎的时候,无论从哪方面来看,德国人是一定会摧残这个

※ 毕加索作品——《看书的女人》

※ 毕加索作品——《女主角》

城市,并在被赶走之前清除大部分人口的。

不过德国人没有防范到巴黎的人民。在德军坦克抵达郊区之前,整个城市都揭竿而起,一夜之间防御工事全都筑了起来,成千上万的男女都参加了战斗,警察、铁路员工、秘书、公务员、抵抗组织的全部成员都出动了,于是一场大战开始了。一批批隐藏的武器全都拿了出来,远比德国人所预期的要多——他们只有乘着坦克才能移动,而即使是坦克也常常在街上被焚毁。战事日益激烈,外出是极其危险的,毕加索有一次只向窗外张望了一下,一颗子弹就从他头边不到一英寸的地方飞过去。不管怎样,在这漫无章法的混战中,他还是出发前往玛丽·塞瑞丝的寓所去,那是在一英里外,战况极惨烈的地区。

在那儿,他为小女儿画了两幅肖像。她现在已是一个极甜美的小女孩儿。日子一天天过去,而战斗仍然猛烈有加,他开始临摹波辛的《牧神的凯旋》。他把这幅画用自己的方式加以改造,工具就是手边现有的水彩和胶彩。他用极度鲜明的色调画着,一边画一边用最大的声音高歌,几乎掩盖了外边重炮的怒吼、玻璃的碎裂声、步枪的射击声,还有坦克的隆隆声。

这幅画的架构与波辛的原作差不多:满是树木的风景,左方吹着喇叭的人物,前方的花瓶和面具。但是波辛的牧神的凯旋庆功起码还有个限度,毕加索的那一场欢宴却是狂放到极点:一群错综交织的少女、半人羊、快乐赤裸的四肢和身体,在爱与音乐以及大量的食物、水果和酒之间彻底解脱了。

罕有的天才——毕加索

构筑属于自己的堡垒

毕加索相信自己是受到了拒绝，他默默地接受了这个拒绝，回到了瓦劳瑞斯——那个沉寂且已经没有小孩的家中。

1954年弗兰柯丝把孩子们带来与他们的父亲共度暑假。她跟那个希腊人的情史持续了不到三个月，而她现在与毕加索处于一种极端有礼的状态中——毕加索甚至请她为瓦劳瑞斯的一场斗牛赛举行开幕式，这场斗牛赛是特别为他举行的。不过她

※ 毕加索作品——《宫女》

※ 毕加索作品——《咖啡馆》

很快就离开了。

1954年8月,毕加索的朋友拉瑟米夫妇带着他和孩子到柯留瑞去,他非常喜欢这个地方。这里的人口不过两三千人,虽然在有斗牛赛时街上挤满了人,却不会有大量观光客来骚扰。没有那些水泥的高楼,到处都是有着粉红色瓦片的古代建筑。老百姓谋生的方式主要是捕鱼和酿酒,而且即使在盛夏时节海滩上仍有足够的空间供给想游泳的人。毕加索几乎天天在这里游泳,游出了海湾后,整个岸边和天然风光、古色古香的房舍城堡以及大大小小的渔船尽收眼底,而这一切又是浸浴在最纯净的太阳光辉中。

他同时还可以欣赏柯留瑞的居民在态度上与别的地方人们的不同。在他自己住的地方,几乎走到哪里都有人对他侧目而视,或直接对他索求什么;然而在柯留瑞这里,他可以在街上漫步,在酒馆中闲坐或者在海边轻松一下,绝对不会引起丝毫的异样眼光。而且在这里,如果派洛玛自恃身份不凡,想要在海滩上欺负别的小孩子的话,马上就会有粗豪的卡达浪咒骂声让她搞清楚状况。

卡达浪的最明显特质之一就是独立,他们拒绝受到财富、阶级、名声或任何其他事物的压迫,这种一视同仁的态度到了其他国家往往会被视为无礼,然而毕加索却完全地习惯,在这儿他不会被视作一个神圣的怪物。柯留瑞的居民因为他完全没有架子,并且了解他们的语言和处事方式而喜欢他;他喜欢他们则因为他们的傲气还有他们对他从不拐弯抹角。他与他们接触频繁,有时通宵达旦,使得他在原有的大批朋友之外又加上了许多当地的知交。他们请他去主持一场斗牛比赛,他表现得成功无比,不但一直遵守着严格的西班牙礼仪,而且还对一位表现太差的斗牛士冒出一长串的卡达浪脏话。

罕有的天才——毕加索

暑期结束之后,毕加索回到瓦劳瑞斯,秋天里又到巴黎去参加一个画展。他在巴黎见到了珍妮维叶·拉波蒂,现在要消除他们之间的误会已经太迟了,但见面时还是充满了情感:他很高兴知道她的诗选获得了成功,那是1954年6月中出版的《幽冥骑士》,里面有七幅毕加索作的插图。

秋天里,毕加索也见到了弗兰柯丝·姬洛德,他们马上发生了激烈的争吵。几个月之后,当她去告诉他说她要嫁给一个叫赛蒙的男人时,他们又吵了一次。争吵的真正原因是为了瓦劳瑞斯的别墅,当初毕加索买下这幢房子时用的是她的名义,而现在她有意据为己有,但这房子已是毕加索完全习惯的住处。在两次争吵之间有段时间他的作品产量极少,部分是因为朋友们,他们在长期见不到毕加索之后,现在都蜂拥着来看他。此外,还有许多陌生人及记者们,都渴望了解他的私生活。同时他在巴黎的名声已经大到让他不舒服的程度,他甚至不能在住处附近平静地走动。如果他走入一群正在看热闹的人,人们马上会把视线转到他身上,他自己变成了热闹。此外在1954年的11月初,马蒂斯在长期卧病之后死去了,这件事使毕加索感到极深的伤痛。当别人要他为这件事发表意见时他说:"既然马蒂斯已经去了,就没有任何可说的了。"

1955年2月底,奥佳在坎内的一家医院中死去。她长期以来就受着癌症以及局部瘫痪的折磨。毕加索与她从未完全失去联系——她的照片可在他的住所中看到,而他一辈子都戴着她的戒指。现在他回到南方,办理了她的丧事。

他并没有再度在瓦劳瑞斯安顿下来。很明显那里的房子已经不属于他了,虽然他很不喜欢改变生活,但还是另外找了一幢更大的房

※ 毕加索的客厅

※ 毕加索作品——《裸体夏娃》

子。这幢房屋位于坎内郊外的一个富有的别墅区，称为卡里福尼。这个房子气派而又丑陋，不过里面有广大的空间，而且充满光线，外面还有个小花园。这花园看来有点像市立公园，不过起码可以防止不速之客的侵入。

他很快就把底层改成画室，把他所有画具杂物全都搬进来，在周遭堆出了他熟悉的乱七八糟的摆设。在接下来的一次旅行归来之后，他就不再到卡达浪地区去，从此定居在卡里福尼作画。

毕加索在卡里福尼高大、明亮的房间里工作的情况很好，然而1955年却不是他多产的一年，原因是他把许多时间和更多的精力投在乔治·克罗索制作的影片《毕加索的奥秘》上。这并不是第一部关于毕加索的电影，然而却是到当时为止最具雄心、全部彩色的长片。克罗索觉得在尼斯拍这部片子最为合适，尤其是在夏天，强力电灯的高热加上太阳本身的热力可以让任何人退缩，然而毕加索喜欢新技术，他的热心程度跟克罗索是不相上下的。

有时他在像火炉一样的影片工作间里作画，有时就在露天的安提比斯近旁海滩上，坐在画架前，每隔几秒钟就站起来一次，让摄影机拍下刚才的几笔。在导演、摄影师、技师和旁观者这一大群人之间，在频频受到打断的情况下，他却从未失去他的专注。他坐在那儿，棕色的身体满是汗水而闪闪发光，明亮的眼睛盯着画布，他的手就在上面挥洒出完美的线条。他同其他工作人员一样，有时每天要工作十二至十四个小时，画出一幅幅的斗牛、静物、裸女、拼贴与素描。

从事电影的人们喜欢在工作完后成群结队地逛遍每一家酒吧，毕加索不能抗拒这种诱惑。他以七十四岁的年纪白天作画，晚上玩乐，身边围着一大批与电影有关的人员。除了电影圈的这些人之外，还有许多闯入卡里福尼的人，他们

罕有的天才——毕加索

之中有的是共产党员，有的是西班牙人，有的是画家，还有的只不过想来见见毕加索。有些人要求友谊，有些人要求金钱，而一旦他们进入了房间，毕加索就不能允许自己赶他们出去。就这样夜以继日，他像二十岁的人一样透支自己的体力，直到影片终于完成，所有的人都回到了巴黎。这时，稍稍平静的秋天到来了。

1955年10月，毕加索到了巴黎，在那儿见到了珍妮维叶·拉波蒂，她给他看她出版的第二本诗集，其中有柯克多作的插图。柯克多是她的新朋友，其吸引力使她几乎看不出他和毕加索有任何程度的不同。毕加索表现出明显的嫉妒和不满，不过他们这次会面仍然相当愉快。她拿出另外一些诗给他看，他专心地读过之后称赞她的努力，然后说以后要为她下一本书作插图。

1956年的夏天照例有大量的朋友涌向南方，珍妮维叶·拉波蒂是其中之一。他热切地问她是不是一个人来的，当她说是时，他表现得很高兴，然而此后他们的谈话就很少。他们之间直接的沟通，甚至他们彼此真正的了解，都随着沉寂消逝了。这段关系，也许是毕加索一生中最美好的一段，已行将不存在。现在的毕加索，依稀还可认出二十年或三十年，甚至四十年前的那个毕加索，而眼前的《幽冥骑士》的作者，与1944年为毕加索写文章的那个女学生已经少有相似之处了。

1957年相当折磨人。数以百计的人们从世界各地来到坎内，要求帮助、忠告、介绍、鼓励，他们之中有许多有趣或可怜的人物，毕加索的亲切受到了各方面的考验。还有一些人要他合作为一篇解释他绘画的文章写一篇前言，为一本书画插图，或者去支持一个反对贫穷、战争与不平的运动，更不用说有些人渴望得到一张免费的画作、一笔钱，甚至一个亲笔签名。即使在那么多年来受尽名气的折磨之后，毕加索仍然常常希望单独会见这一大群人中的每一个人，然而以这么多的人数来说那是不可能的。他心思的烦扰、时间和精力的浪费、拒绝之后的不愉快以及总是包围在他四

※ 毕加索作品——《缪斯》

※ 毕加索作品——《桌上的静物》

周的那些卑屈的贪婪，都使他的脾气越来越坏。他尤其憎恨那些把他视作生财乳牛的人们不断企图加诸他身上的控制。

1958年夏天，毕加索到阿莱斯去看斗牛。厌倦了一切嘈杂和纷乱后，他有意在当地买下一幢房子，他的朋友就带他去看瓦汶阿格斯古宅。

这是一幢17世纪的巨大方形房屋，位于圣地维克多利山下面一个幽深的谷中，距它数百码，地势稍高的地方就是一个小村庄。在这片静穆、宽大的地势里，这淡红色的建筑物与大自然浑然一体，显得出奇地美丽。它也跟坎内那别墅充斥的山坡形成强烈的对比，更好的是，这建筑后面的山上不能建新房子，因此好像整片山都属于这幢房子。

毕加索从那个村庄热切地往下凝视着那所古宅，直接看到它的天井里，他的渴慕使他没有想到一件事：从村庄这个有利的地点，别的人也同样可以看到宅中的一切，甚至会看得更清楚，如果他们配备有望远镜或摄影机长镜头的话。

毕加索在首次看到瓦汶阿格斯古宅之后的四十八小时之内就买下了它，这当然花了他一大笔钱。不过金钱在当时对他来说已不代表什么了。

毕加索把在巴黎储藏的画作：马蒂斯、狄伦、罗梭、里南、塞尚、柯罗、凡多更、窦加、查尔丁、布劳格、米罗、莫迪里亚尼、雷诺瓦，还

罕有的天才——毕加索

有其他许多作品,连同一些自己早期所画、现在又被他买回来的作品,全都运到这里,另外又从卡里福尼带来不少雕塑,好像他有意要长久居住在这古宅之中了。

在这些熟悉物品的环绕之中他马上开始作画,包括一幅《瓦汶阿格斯的餐具桌》,一系列的静物、房舍的本身还有斗牛。这时的画作跟在坎内的时候颇为不同,色调较为沉重,除了深红和暗赭外,还用了墨绿这种在他的调色板上很少见的颜色。这与圣地维克多利山的常绿森林以及灌木丛是互相呼应的。

也就是在瓦汶阿格斯,他开始画蒙内的《野宴》,他为这幅名画作了许多幅变奏,一共包括一百七十多张图,其中有二十七张油画。他并不是连续地画下来,而是每隔一段时间就突然爆发出一股密集的活力,有时会相隔几个月,整组画一直到1962年才完成。这段时间里他当然不是只做了这一件事,而是另外制作了大量的陶艺,并且花了许多时间在雕刻上,此外尚有不少其他的画作。

他并不曾定居在瓦汶阿格斯。这个地方不如他想象中那样好。头一阵子的热度过后他就时常回到坎内,这地方是派亚瑞斯每年夏天照例要来的。派亚瑞斯的陪伴总是使毕加索感到自在,派亚瑞斯没有一点竞争的心理,而且也从不用异样的态度崇拜他的老朋友——小毕加

※ 毕加索作品——《阿尔及尔的女人》

索。他与毕加索可以像六十年前那样轻松、放任地交换他们的想法。

　　毕加索往返于卡里福尼与瓦汶阿格斯之间，除了忙着《野宴》的组画之外，他同时还忙着探索几乎所有的塑形艺术，甚至包括油毡浮雕在内。至于《野宴》的本身，要不是受到许多干扰的话，进展得应该会更快些。干扰除了那些不速之客外，还加上他自己对友伴的需求，不论是什么样的友伴，另外还有他的事业生活。一般性的展览可以交给萨巴提斯负责，他的年纪虽然比毕加索还大得多，却仍旧时时为他的事在巴黎与坎内或瓦汶阿格斯之间奔波。然而大规模的回顾展，比如1957年在纽约，1960年在伦敦，还有几年之后在东京的展览，则都要使毕加索付出相当多的精力。他并不是象牙塔里的画家，沟通对他来说十分重要，而以他现在的名声影响力是十分广的，例如在伦敦的展览就有足足四十五万人参观过。

　　他很喜欢伦敦，然而巴塞罗那却更为贴近他的心灵，1960年时这个城市的"毕加索美术馆"已经初

※ 毕加索作品——《画室》

罕有的天才——毕加索

具雏形了。数年以前他问萨巴提斯以后准备怎么处理他的作品,"在他死后"这种意思十分明显,不过这几个字是绝不能明说出来的。萨巴提斯说他有意设立一间毕加索美术馆,就在毕加索的出生地马拉加。毕加索说:"为什么不在巴塞罗那呢?我跟马拉加之间的渊源那么少。"于是萨巴提斯马上着手进行。1960年,巴塞罗那市提供了两座14世纪的宫殿供他挑选,毕加索选择了其中的阿奎拉宫。它位于窄小、古意盎然的蒙他卡达街上,这是他童年熟悉的地方。这间建筑日后就要放置萨巴提斯的捐赠,连同所有毕加索曾经捐给这个城市的作品,还有一些由朋友或收藏家提供的画作。

萨巴提斯一辈子都很穷,1960年毕加索的一幅早期作品相当于一笔财富,而许多毕加索的朋友都曾把他送的画卖掉,虽然他们都比萨巴提斯有钱得多。我们在此大概可以对萨巴提斯的恢宏大度有了一个概念:他捐赠给这间美术馆足足574件作品,其中许多幅上面都有毕加索所题的最亲密的字句。

1960年,毕加索越来越不喜欢瓦汶阿格斯,人们从各处开车前来窥探,而且他们也会用双倍望远镜监视他,他根本没有办法出来。从1961年春天开始,他就根本不在那儿工作,在那里停留也绝不超过一两个晚上。至于坎内,有一大排的房舍正开始在他隔邻的花园兴建,这些房子会遮住大海的风景,而且其中的住客可以居高临下对他一览无遗。

坎内后方的丘陵上就是莫金斯,而瓦劳瑞斯就在附近不远,这些都是毕加索熟知的地带。从莫金斯通往瓦劳瑞斯的蜿蜒公路首先缓缓顺坡而下,然后转向右手边一个长满树木的山脊直上,在这片山脊上有一座奉祀长生圣母的礼拜堂——一个地方人民朝圣的所在。在还不到这座礼拜堂这么高的地方,毕加索找到了一幢房子。它的四周都为柏树所障蔽,并且旁边有一小块空地,虽然并不是完全地与世隔绝,却可以用人工增加其隔离性。他在1961年早期买下了这幢房子,并且彻底安顿下来。不过瓦汶阿格斯和卡里福尼当然还是没有卖掉,他的许多财产还留在这两处。

这幢房子被称作"长生圣母宅","长生"这两个字对毕加索来说再贴切不过,因为他在八十岁高龄时仍然精神矍铄。几乎所有世上活着的人都听说过他的名字并且知道他还活着。对比较年轻的画家来说,他的直接影响并不大,因为艺术在很久以前就已经被他解放,

93

※ 毕加索晚年作品

年轻的画家和他本人现在都生活在"毕加索后"的时代里。然而当年轻人追随着他的继承者的继承者，或者找到他们自己的方向时，毕加索仍然继续着他孤独的对真实的探索，仍然在一个永远的、个人的革命状态中。他的价值比所有现存的画派都要大得多。

有人说我们每个人在进入新的年龄阶段的时候都是一个生手，过去的经验与眼前的新状况完全无关。大多数人可能确实是这样，然而毕加索却绝对是个例外。虽然他憎厌时光的飞逝，他在人生的每个阶段却都没有被困难吓倒，也许这是因为他从头到尾都完全保持着自己的本色，不为社会加诸他的各种不同角色而感到困扰。他少有老化的迹象，除了常常谈起死去很久的朋友，尤其是阿波林纳和麦克斯·杰克卜，但这并不意味着什么。因为虽然老年人喜欢回味过去，这对毕加索来说却不能算是回味：过去的友谊从来没有离开过他，而麦克斯和阿波林纳在他心目中总是鲜明活现。

无限的荣耀

1961年的3月2日,他极度秘密地和贾桂琳·梦奎巴结婚。她当时三十五岁,1953年的时候在瓦劳瑞斯的陶艺店里做事,从那时开始就一直跟毕加索在一起。他的再婚,令许多朋友们大惑不解,有人猜测很有可能毕加索是希望让贾桂琳日后能合法获得他的大部分遗产。

在"长生圣母宅"中,他完成了全部的《野宴》,不过同时也完成了许多其他的画作,在《野宴》结束之后他的画作产量更增加到一天三幅以上。虽然毕加索常常透支体力,他却似乎很适应八十岁的生活。在八十岁生日当天晚上,他在尼斯看表演直到深夜两点,第二天去参加瓦劳瑞斯特别为他举行的庆典,然后又去斗牛场凑热闹。平

※ 毕加索夫人

※ 毕加索作品——《画家与模特》

常的日子里他会见大量的朋友，包括许多来与他谈巴塞罗那美术馆事宜的卡达浪人。亮丽的夏日里，他在群木环绕的"长生圣母宅"中度过，四周响起无数的蝉鸣。秋天来临时，可以看到他在比较僻静的海湾平静地游泳，疾病与死亡还遥远得很。萨巴提斯在1961年中风，而两年以后布劳格和柯克多都死了，但是萨巴提斯康复了，在"长生圣母宅"的山居岁月里死亡似乎失去了它的效率。派亚瑞斯依然强壮安好，而毕加索要比派亚瑞斯还年轻得多。他的工作效率比过去任何时候都稳定，事实上过去不曾有任何一个时候他的产量能比现在多。仅是1963年一年里，他为贾桂琳画的像就有一百六十幅。

在这些作品中比较杰出的可以算是以大卫的《萨比尼女人的掠夺》为主题的多幅变体，他画这些作品时格外辛苦，在许多长夜里逼迫自己继续下去。开始着手以后几星期，他在一本速写本上写下："绘画比我强得多，它支使我去做想做的事。"

1963年上半年里，绘画支使毕加索去做的事是一系列《画家和他的模特儿》的画作，其结果是四五十张油画，这都是经过长期审慎思考的产品。

这位画家最先出现的时候是严肃地坐在他的画架前面，拿着调色板，正画着一张面孔的雏形，没有看

罕有的天才——毕加索

到模特儿,不过在一个有抽屉的柜上放着一座胸像。后来模特儿出现了,一个绿色的女人,当然是裸体的,在一张沙发上摆出各种姿势。她的颜色、位置和大小都在改变,然而她一直都只是一件纯粹的物体而已。她没有个性,画家与她之间的沟通并不是以她的人作为对象,而是她所代表的真实:说话的是她的身体,而不是她的心思。旁观者不太知道此时的画家在画些什么,大部分时间他的画布都是侧向摆着,上面也只有一些模糊的形状。

他以同样稳定的专注一直画下去,全然投入他的工作。他自己的相貌有些改变,胡子长出来又消失,须发也是一样。在这一系列的最后几张中,他的面孔布满了强烈的色彩,瘦且黝黑,看不出年纪的形体,有时有些滑稽,不过总是因他严格的、不妥协的奋斗而显得十分庄严。从头到尾他都是完全孤独的。毕加索很喜欢他,把他叫作"穷小子",并且用充满感情的眼光注视他在工作时的一举一动。

大部分时间,毕加索都在他

※ 毕加索作品——《画家和他的模特儿》

※ 毕加索在作画

那狭小的、老式的画室作画,不过有时也在户外工作,偶尔还会在晚上,他的模特儿就坐在一张躺椅上或一棵树下;然而不论在哪里,他四周的颜色所叙述的关于创作的历程都远比他专注的脸孔或精巧的双手所述说的要多。那些颜色由深沉的蓝灰转为兴奋的绿与朱红,再转而为盈满画面的蓝色和粉红,然后所有的颜色渐渐淡去,接下来是画家的脸孔和头发忽然迸出绚烂的色彩,而后颜色再度变暗、变淡,经

罕有的天才——毕加索

过渐次转移回复到原先的深沉。不过他仍然继续画着,即使在最后那几张图中他的脸孔只剩下白色的模糊形象或一片难看的灰色,没有头发也没有胡须,他还是在画着。他从来没有赢,也从来没有输。

毕加索极喜欢这一系列的《画家和他的模特儿》,冬天的时候他把它们做成许多的木版画,变得比原来更简化一些。在1963年末以及1964年初的这段时期,他还画了一些大幅的裸女,然后是一些农夫的头像,再后来是更多的裸女、静物、贾桂琳,还有一些《画家和他的模特儿》的补遗。

1964年的夏天,毕加索在"长生圣母宅"会见了不少访客,大多数都是交情很好的老朋友,不过也有少数的不速之客。那些新的相识有一个共同的特点,他们能被介绍给毕加索这件事在他们看来是很伟大的,因而他们也希望毕加索能当场有一些伟大的表现——他们期望这位伟大的人物能一天二十四小时不断吐出一些伟大的思想。毕加索十分明了他们的希望,仗着天赋的诡辩与巧言的才能,他通常都能满足他们。不过,总是在屏息以待的听众面前扮演"演讲先生"的角色是很累人的事,也许这就是他总是戴着假鼻子与滑稽帽子出现在访客

面前的原因。

另外,也有些人是为正事来的,其中有些是从巴黎来的使者,为了筹划他八十五岁生日的庆典。然后,还有一些人从其他国家前来,为了安排他的画展事宜。

1964年的秋天是一个金色的季节,即使在法国南部来说也是出奇地美丽,虽然战争的威胁每天都在报纸的第一版看得见,毕加索却像是生活在另一个世界,隐蔽在他的

※ 毕加索作品——《贾桂琳与花》

柏树林里。没有理由说他不会永远活下去。他的短小、齐整的褐色身体仍然跟以前一样，这个身体长久以来都否定了一般的死亡率，使得这些死亡率好像根本不适用在他身上。这个秋天难道不能延伸到1965年、1966年，一直下去，以至于永远吗？

但他的身体还是使他失望了。1965年他的状况不是很好，有一些毛病变得严重。11月里他到巴黎去，住进了"美国医院"。手术十分成功，伤口愈合了，没有并发症，在令人惊奇的短时间内他就回到了"长生圣母宅"。他的卡达浪朋友吉力夫妇去探望他时，发现他活泼而愉快，好像外科医生把他的衰老也随着其他东西一起除去了。然而这次迅速的痊愈却是表面的。毕加索的身体正因为漫长的、缓慢的感染而日益衰弱。

1966年里他没有画一幅画。他的眼睛在年轻时就常常给他添麻烦，现在更不行了，而且听力也开始下降。

法国政府在毕加索八十五岁生日的时候为他举办了盛大的庆祝。在20世纪刚开始时，十九岁的毕加索初次来到巴黎，当时世界博览会正在全力展开，许多宏伟的建筑都在兴建之中，其中最重要的就是大艺术宫和小艺术宫，而现在，为了表示对毕加索的推崇，里面都布满了他的作品。大艺术宫展出了284幅作品，包括一些他最伟大的作品。同时，苏联人也很高兴地推崇他们的同志，因而这次的展览就成为对毕加索成就最成功的一次推介。小艺术宫则展出了250件画作，从他在卡洛那时期的习作一直到1966年7月的最近一些头像，另外还有580件陶艺和392件雕刻，这是到目前为止最完整的一次作品收集，同时也是对毕加索作为一位雕刻家的总评估。有史以来为单独一位艺术家所举办的展览中，以此次最为光彩夺目。不仅如此，国立图书馆还展览了一间又一间他的插图、蚀刻、木版、石版画，还有油毡浮雕。此外，每一家商业画廊只要有能力的话也都推出了他们自己的毕加索画展。

大回顾展一直持续到1967年的2月。批评家的意见从最坏的詈骂到狂喜的赞赏都有，表现出每一层面的感受，但绝没有人对此漠不关心。前去观看这场展览的人数达到史无前例的八十五万之众。

毕加索并没有参加，他留在"长生圣母宅"。有一天他打电话给拉瑟米夫人，像他在感到寂寞时常常会做的那样，然而这一次却是为了告诉她以后他不会再打电话给她了，他的耳朵开始聋了，他说他不再听得出她的声音了。

罕有的天才——毕加索

灿烂的一生

1967年是休养生息的一年,毕加索又开始画他的马戏团人物,他一次又一次地画着,这些人物不再像很久以前那样悲伤、消瘦,总是在浑身的蓝色上带着些悲剧性的红斑;他们现在分享着灿烂、侵略性的色彩,这种色彩弥漫于毕加索的晚期作品,且在1969年到1970年间达到最高峰。同时他还画了更多的田园人物以及巨大的裸体像一类的作品,然而这在绘画上来说并不是多产的一年。他的大部分心思转向了版画,在这方面他虽然已具有大量的经验,然而仍有不少值得尝试的新方向。

毕加索计划着要做的蚀刻,本来在1968年早期就可以开始进行的,然而萨巴提斯却在2月13日去世了。毕加索受到极其严重的打击,他的失落感可以由他对巴塞罗那美术馆的大量

※ 毕加索作品——《鸵鸟》

※ 毕加索作品——《熟睡的农民》

赠予看出来。他一向把这个美术馆看成是萨巴提斯一手创立的，因而视之为萨巴提斯生命的延续。他在萨巴提斯死后立即捐出了大约一千件作品，从他童年时涂鸦过的作业本、青少年时获奖的学院派绘画，一直到蓝色时期的作品，以及最近的一些最成功的画作。而且从萨巴提斯死的时候开始一直到他自己的生命结束，他的每一件版画作品都捐赠给这家美术馆，而且都题献给萨巴提斯，好像萨巴提斯还活着一样。

1968年的春天，毕加索又恢复了工作，结果美术馆收到了数量惊人的347件蚀刻的第一批捐赠品，这是在3月16日至10月5日之间完成的。

他刚把蚀刻的工具放下，马上又拿起了画笔回到色彩上。在他年轻的日子里他可能忽略了色彩，他解决问题的方式一向是用线条，这好像已经成了一种规矩，现在他则越过这种束缚，极度沉溺在色彩之中。毕加索一向是一个不凡的人，然而也许从来不曾像他生命中最后这几年那样不凡，他迸发出狂猛的蓝色和绿色，尤其是西班牙的大红与黄色，以及重于一切的黑色，这

罕有的天才——毕加索

些色彩就是他内在生命力的直接表现。从1969年1月5日到1970年2月2日之间，他画了165幅图，许多件的尺寸都在1.83米×1.22米以上，其他的大小也不比这差太多。

1969年和1970年是毕加索身为画家最多产的时期，然而他还是有时间和精力去做一些陶罐，并对绣帷产生了浓厚的兴趣。此外，他还去看斗牛，接见一些朋友。当然还有一些卡达浪人，其中的一个律师是来劝说他签署一份文件，完成他捐赠巴塞罗那大量作品的所有权移交手续。即使是最简单的法律形式，一向都令毕加索感到憎恶，而这一件更是不简单，因为他在签名之前必须把这些作品的照片一件一件地看过。在任何其他的情况下，巴塞罗那官方的最佳辩才也不可能说服他去做这件事。然而在悠悠岁月里延续萨巴提斯的生命却是另外一回事——他慢条斯理地翻看那一叠一叠的照片，一边说："这些不是我的作品，是我的生命。"然后在契约上签下他的名字。

这是毕加索付出最多的几个年头。1969年，当阿莱斯赠予他荣誉市民的头衔时，他回赠阿莱斯50幅以上的画作；而当纽约现代美术博物馆的代表们来到莫金斯时，毕加索赠送他们一件现存的珍贵立体派作品——1911年的《吉他》。此

※ 毕加索作品——《黎明曲》

※ 毕加索作品——《人头骨》

开幕式，他自己则留在"长生圣母宅"作画。九十岁生日当天，他留下了一些照片，他的模样依然像二十多年来的那个样子，他巨大的黑眼珠闪烁着智慧与活力，他是一个近乎完美的人。但就某方面来说，罗浮宫的庆典相当类似死亡的阴影：没有任何人的作品能在活着的时候进入那里，这是对一个画家的真正奉承，然而没有人能在成为神明之前不先死去。

"莫要温顺地没入那美好的静夜，老年应当燃烧并怒吼在白昼的终了。"狄龙·汤玛斯的诗中如是说。

1973年的4月8日，就在毕加索头脑中充满了对未来一年的新计划时，他却突然过世。

冬天的时候他罹患了流行性感冒，他虽然从重病中慢慢恢复过来，身体却变得十分虚弱。无论如何，在早春时他再度开始工作，大约中午起床，有时在他的画室待到次晨6点，而且4月7日的晚上他还邀请朋友来晚餐。但是当天晚上上床时他感到上气不接下气，当地的医生诊断出他肺部有严重感染并且极可能有严重的心脏病。

第二天，一位有名的心脏医学专家——毕加索的一位朋友从巴黎搭早班飞机赶来。他马上看出没希望了，但他仍然尽可能地使他的病

外，私人的赠予更是不在少数。

1971年，毕加索九十岁。巴黎不像1966年那样缤纷地庆祝，然而却给了他到目前为止还没有任何活着的艺术家得到过的殊荣：罗浮宫的大画廊重新摆设起来，一些美术史上最光芒四射的名字都被移到边上去，而用八幅伟大的毕加索的作品取代它们的位置。

但是毕加索没有到场。他派儿子保罗代表他去参加总统主持的

罕有的天才——毕加索

人舒服。毕加索对他的仪器十分着迷，充满了最活跃的好奇心；他还爬起来刮胡子——他要给那位专家看他画室里的一些作品。不过后来因为呼吸困难又躺了下来。他一点都没有感觉到自己不行了，有时他出着神，静静地自言自语，那个医生常常听到他说起阿波林纳。他在上午过去时进入了弥留之际，然而却没有痛苦。在最后的一段神志清醒的时刻里，他颇为清楚地对那位专家——一个单身汉说话，一边用手指着身旁的贾桂琳，说道："你不结婚是错的。结婚很有用处。"

将近中午时，毕加索的心脏终于衰竭，他去世了。在自己的床上，一大堆画作和收藏的中间，并且是在家人的围绕之下。

几天之后，家人把他极为秘密地葬在瓦汶阿格斯的庭园中，随着一些教会的古老祷辞离开了这个世界。一位教士照料着他的灵柩，另外还有一些地方上的议员参加了仪式。他们把毕加索降入了孤单的墓穴，这个人几乎像太阳一样孤独，然而他的生命也像太阳一样猛烈地燃烧。

毕加索是个始终引起争议的人，除了他那让人倾倒与折服的过人才华得到了无上的荣誉外，他的生活也受到了世人众多的非议。他

※ 毕加索作品——《牛首人身怪物》

※ 毕加索作品——《等待》

为自己的几任妻子、情人和孩子们画过许多画,他的亲人们对这位天才画家的评价却褒贬不一。

毕加索绘画上的成就可谓登峰造极,但他的家庭私事却一塌糊涂。他亲人的悲惨故事世人皆知:他的遗孀贾桂琳是自杀身亡的;他的一位情人玛丽也是自杀身亡,她为他生下了女儿玛雅;他的孙子巴勃里多在贾桂琳将他赶出爷爷葬礼之后也自杀而死;巴勃里多的姐姐马里娜曾写了一些回忆录披露自己悲惨的少年时代,并把一切过错归咎于毕加索。毕加索的妻子和情人中,弗兰柯丝生的克劳德和派洛玛及玛丽生的玛雅是毕加索硕果仅存的三个儿女。

毕加索于1973年以九十二岁的高龄去世。他在世时人们争先恐后地同他结交,在他去世的若干年以后,世人仍在为他的故事和名声争执不休。